Italia Contemporanea

Italia Contemporanea

Conversations with Native Speakers

WORKBOOK

Ceil Lucas

Yale University Press • New Haven and London

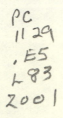
Printed in the United States of America by Sheridan Books, Chelsea, Michigan.

The paper in this book meets the guidelines for permanence and durability of the Committee on Production Guidelines for Book Longevity of the Council on Library Resources.

10 9 8 7 6 5 4 3 2 1

A catalogue record for this book is available from the British Library.

Library of Congress Cataloging-in-Publication Data
Lucas, Ceil.
Italia contemporanea : conversations with native speakers : workbook / Ceil Lucas.
p. cm.
ISBN 0–300–08302–5 (wkbk.) ISBN 0–300–08301–7 (wkbk. and video.)
1. Italian language—Video recordings for foreign speakers—Handbooks, manuals, etc. 2. Italian language—Textbooks for foreign speakers—English. 3. Italian language—Spoken Italian. I. Title.

PC1129.E5 L83 2000
458.3'421—dc21   00-026889

Contents

Acknowledgments

The production of the videotape and its accompanying workbook would not have been possible without the willing participation of many people. I am indebted to those in Italy who arranged the videotaped interviews and to those who opened their homes to us: Elena Radutzky, Giorgio Stockel, Bruno Stockel, Giulia Stockel, Alberto Bonnetti, Connie Dilworth Occhialini, Cecilia Torossi, and Pam Lenzi; and to Gabriela Caporicci and Cecilia Toccaceli, owners of the Da Otello restaurant in Rome. I am also grateful to all the individuals who agreed to be interviewed. I heartily thank the staff of Yale University Press for their hard work and good humor, in particular Mary Jane Peluso, Ellen Ciosek, Judith Calvert, Chuck Grench, Mary Coleman, Tim Shea, Paul Royster, Michelle Schrag, Karen Gangel, and Susan Laity. I also thank Ron Reed, of the Gallaudet University Television Department, and John Mullen, of JFM Productions, for their outstanding filming and editing of the videotape, and Jane Norman and Jim Dellon, of the Gallaudet University Television Department, for their support of the project. I greatly appreciate the assistance of the faculty of the Italian Department of Georgetown University, who tested the pilot materials, in particular Roberto Severino, Bettye Chambers, and Fulvia Musti, who translated the Introduction and has championed this project from its beginnings.

And finally, to Stephen Brown, for his unfailing and invaluable support and encouragement, ti voglio bene, tanto.

How to Use the Videotape and Workbook in the Classroom

Italia Contemporanea consists of fifty-one segments of everyday people speaking Italian, organized within twenty chapters. Each chapter focuses on a different aspect of Italian life, from housing and work to free time and politics. The goal in using an interview format was to elicit natural speech and to allow the speakers to express themselves as freely as possible.

Because I wanted to provide students of Italian with real and natural models of spoken Italian, those being interviewed did not memorize or rehearse their remarks. You will notice a variety of accents, including Roman, Florentine, and Milanese. With one exception, all the interviewees are native speakers of Italian; that is, they acquired Italian as their first language. You will meet people of all ages and from all walks of life: a farmer, a mechanic, a neurologist, a journalist, an architect, a policeman, a nurse, a secretary, actors, students, a publisher . . .

The video and workbook of *Italia Contemporanea* have been designed for use in any classroom or laboratory setting. These materials, which are suitable for high school classes, university courses, and adult education programs, can be used as early as the second semester of elementary Italian. Each chapter comprises the complete transcript of an interview; notes on vocabulary and constructions whose meaning may not be immediately obvious; and questions relative to both the text of the interview and one's personal experience. It is recommended that students use a comprehensive Italian-English dictionary in conjunction with the workbook.

About the Transcripts

What you hear on the tape and see in the workbook are examples of actual speech. The hesitations and pauses on the video are therefore reflected in the workbook. You'll note as well that some sentences may not end in a period, in that the speaker may have trailed off. Conversational speech often differs from standardized speech—that is, the speech you may find in a language textbook. Speakers in everyday situations, for instance, may not always be aware of verb agreement.

Italia Contemporanea addresses the issue of regional pronunciation, and examples of various regional accents on the videotape are always noted. In addition, it focuses on spoken, conversational Italian. It is important to recognize the significant difference between written and spoken language. *Italia Contemporanea* affords students the opportunity to see and hear the Italian language as used by native speakers. These interviews are representative of everyday Italian, with all its richness, complexity, and humanity.

The people on the videotape clearly knew that they were being recorded. Although what you see and hear is, for the most part, natural, in a few instances the reality of the taping situation is reflected in the speaker's language. These instances are also noted in the workbook.

How to Use the Videotape and the Workbook

The tape and the workbook provide fifty-one texts to be used as follows:

- Select the segment to be used and simply **listen** to it, **before** reading the transcript of the segment. The student can do this on his or her own or as part of a class activity.
- After listening to the segment, **read** and **discuss** the transcript carefully, making sure that all vocabulary and structures are understood.
- Then, **listen** to the segment again, this time using the transcript. Students may want to listen to a given segment several times at this point.
- In the classroom, answer and discuss the questions about both the segment and the student's experience.

Outlining the Course by Video Segment

One or two of the fifty-one segments can be covered per week. A total of fourteen to twenty-eight segments can therefore be studied during a typical fourteen-week term or semester.

Fifty-one video segments allow you to use the video and the workbook for an entire academic year. The flexibility of *Italia Contemporanea* enables you to pick and choose the order in which to present the material. Each segment on the videotape is numbered so that you can scan the video and select which interviews to watch.

Sample Lesson Plan: One Week

First Day: Listen to the selected segment perhaps twice or three times in class (do not read the transcript at this point).

Second Day: Read the transcript out loud, making sure that the students understand all the grammatical constructions, vocabulary, and cultural references.

Third Day: Listen to the segment again, first without the transcript and then with the transcript.

Fourth Day: Discuss the transcript and the video segment and answer the questions pertaining to the segment; assign as homework questions that pertain to the students.

Fifth Day: Go over the questions pertaining to the students. Ask them to read their answers aloud, and have the class ask them additional questions.

The video segment and its transcript can be easily supplemented with materials that relate to a specific topic. The cinema and theater segment, for example, can be accompanied by current movie reviews and movie schedules from Italian newspapers; the two segments on work can be supplemented with want ads, and the section on soccer with sports scores. The important thing is to be creative and to get students involved. Have them bring in Italian-related materials they have at home or can find by visiting Italian Websites.

Additional Activities

- Challenge the students by asking them to write an English translation of the tapescript.
- Ask them to summarize in Italian what was said.
- Ask the students to write additional questions about the segment, or have them play the role of the interviewer by mouthing the interviewer's questions.
- Have the students interview one another either in front of the other students or outside of class. If possible, record these interviews on audiotape or videotape. Listen to or view the interviews and discuss them as a group.
- Have the students conduct an interview with a native speaker, based on four or five questions:

  What is your name?
  Where are you from?
  What kind of work do you do?
  Do you like your job?
  What are your hobbies?

Always review the questions before the interview is conducted.

- Students should transcribe the audiotaped or videotaped interview. If the interview is long, the transcription can be limited to the first two or three pages. Students should also write questions about the transcript, using the video manual as a model.
- You can then review the transcript against the audiotape or videotape and make corrections only to errors in transcription. That is, if the interviewee uses a nonstandard form and the student transcribes it accurately, you should not note it as an error. You may want to take this opportunity to point out differences between spoken and written Italian.
- Copies should be made of each transcript; each student's interview should be watched or listened to in class and then reviewed and discussed.

Come usare la videocassetta e il libro degli esercizi in classe

Italia Contemporanea è un video composto di cinquantuno interviste fatte a persone di madrelingua italiana che parlano l'italiano corrente. Il contenuto del video è suddiviso inoltre in venti capitoli. Ogni capitolo tratta di un aspetto particolare della vita italiana, che va dalla casa al lavoro, al tempo libero e alla politica, per citarne alcuni. Nel corso dell'intervista a volte si può ascoltare la voce fuori campo dell'intervistatore. Lo scopo delle interviste era di suscitare nell'intervistato un parlato naturale e al tempo stesso quello di far sì che la persona intervistata si sentisse a proprio agio esprimendosi liberamente. Le persone intervistate non avevano nè preparato nè tanto meno memorizzato un testo scritto. In questo modo ho voluto esporre gli studenti di lingua italiana a modelli di lingua parlata sia realistici che naturali. Noterete una certa varietà di accenti, incluso quello romano, fiorentino e milanese. Tutti gli intervistati, tranne uno, sono di madrelingua italiana, ossia hanno acquisito l'italiano come prima lingua. Incontrerete persone di varie età e provenienza sociale: un contadino, un meccanico, un neurologo, un giornalista, un architetto, un poliziotto, un infermiere, una segretaria, un attore e un'attrice, degli studenti, un editore.

Il video e il libro degli esercizi di *Italia Contemporanea* sono stati ideati per essere usati in qualsiasi tipo di laboratorio linguistico e per qualsiasi tipo di classe. Questi materiali possono essere adottati sia per corsi d'italiano per le scuole medie e superiori che per corsi universitari e di formazione professionale. *Italia Contemporanea* può essere introdotto fin dal secondo semestre di lingua italiana per principianti.

Il libro degli esercizi contiene la trascrizione completa delle interviste, annotazioni sul vocabolario e particolari costruzioni grammaticali di non facile comprensione per lo studente. Suggerisco inoltre l'impiego di un buon dizionario italiano-inglese.

Nota sulle trascrizioni

Ciò che ascolterete sulla videocassetta e ciò che troverete nel libro degli esercizi sono esempi di lingua italiana parlata correntemente. Noterete esitazioni e pause nel discorso che sono state annotate nel libro. Non tutte le frasi terminano con un punto, dal momento che il parlante potrebbe non aver completato una frase nel corso della conversazione. Vorrei anche aggiungere che la lingua parlata non riflette sempre la lingua standard, quella per esempio che si trova in un testo di lingua straniera. Ad esempio, nel linguaggio di uso corrente il parlante non fa sempre caso all'accordo con i verbi.

Italia Contemporanea puntualizza la questione delle variazioni regionali della pronuncia. Ascolterete un certo numero di accenti regionali anch'essi sempre annotati nel libro degli esercizi.

I materiali riflettono soprattutto la lingua italiana colloquiale di ogni giorno. Esiste un divario tra il discorso scritto e quello parlato. È molto importante tenerne conto guardando il video. In questo contesto *Italia Contemporanea* offre agli studenti l'opportunità di usufruendo ascoltare la lingua italiana così come viene usata dai parlanti di madrelingua. Le interviste contenute nel video presentano la lingua italiana in situazioni reali, nel suo impiego naturale, con tutte le sue sfumature, la sua complessità e la sua umanità.

Le persone intervistate sapevano ovviamente di essere filmate. Quindi, se da un lato ciò che vedrete e ascolterete è per la maggior parte un parlato molto naturale e spontaneo, talvolta tutta via, la presenza stessa della cinepresa inibisce la completa naturalezza del linguaggio.

Anche questi casi particolari sono annotati nel libro che accompagna il video.

Come usare la videocassetta e il libro degli esercizi

La videocassetta e il libro degli esercizi offrono cinquantuno testi per lo studente e l'insegnante. Quella che segue è una lista di suggerimenti che hanno lo scopo di ottimizzare l'uso di ciascun segmento.

- Scegliete un segmento e **ascoltatelo prima di leggere** la trascrizione. Lo studente può svolgere questa attività sia da solo che in gruppo.
- Dopo aver ascoltato il segmento, **leggete** e **discutete** dettagliatamente la trascrizione accertandovi che gli studenti abbiano capito il vocabolario e le strutture grammaticali.
- Ora, **ascoltate** di nuovo il segmento, questa volta aiutandovi con la trascrizione. Gli studenti potrebbero aver bisogno di riascoltare diverse volte lo stesso segmento.
- In classe discutete le domande relative sia al segmento che alle esperienze degli studenti.

Organizzazione del corso con l'impiego del video

Avendo cinquantuno segmenti tra cui scegliere, si possono mostrare uno o due segmenti a settimana per un totale di quattordici-ventotto segmenti distribuiti durante un tipico semestre composto di quattordici settimane.

I cinquantuno segmenti possono pertanto venire utilizzati nel corso dell'intero anno accademico. *Italia Contemporanea* offre la flessibilità di scegliere la sequenza con cui presentare i segmenti. Ogni segmento nella videocassetta corrisponde a un numero; in questo modo si fa scorrere velocemente il video per selezionare l'intervista da guardare.

Modello di programmazione settimanale

Primo giorno: Si guarda e si ascolta un segmento in classe, magari anche due volte ma senza ancora leggere il testo.

Secondo giorno: Si legge il testo a voce alta, accertandosi che gli studenti capiscano tutte le costruzioni grammaticali, il vocabolario e le annotazioni culturali.

Terzo giorno: Si ascolta nuovamente il segmento prima senza la trascrizione e poi con la trascrizione.

Quarto giorno: Si discute il testo del segmento e si formulano domande che riguardano il segmento; si assegnano come compito le domande riferite agli studenti.

Quinto giorno: Si riguardano insieme le domande preparate dagli studenti. Si chiede agli studenti di leggere le loro risposte a voce alta e si invita la classe a porre ulteriori domande.

Al segmento del video e il suo testo scritto possono facilmente venir integrati altri materiali inerenti all'argomento del segmento stesso. Per esempio il segmento sul cinema e sul teatro si può abbinare ad articoli di giornali, e alla sezione sul calcio si possono aggiungere i punteggi delle partite di calcio prese sempre dai giornali. La cosa da non dimenticare è di essere creativi e di coinvolgere gli studenti in queste attività. Chiedete agli studenti di portare oggetti italiani che possono avere a casa o di cercare del materiale aggiuntivo sull'internet visitando i siti italiani.

Attività supplementari

- Stimolate gli studenti facendogli scrivere una traduzione in inglese del testo del segmento.
- Chiedete agli studenti di riassumere in italiano ciò che è stato detto.
- Chiedete agli studenti di formulare altre domande sul segmento o di preparare delle scenette nel ruolo di intervistatore togliendo l'audio al video.
- Chiedete agli studenti di inventare un'intervista, di intervistarsi l'un l'altro in classe di fronte agli altri studenti o fuori della classe. Se possibile, fate loro registrare queste interviste. Ascoltate o guardate le interviste e discutetene in gruppo.
- Chiedete agli studenti di sviluppare e condurre un'intervista con un parlante di madrelingua.
- In questo caso, lo studente potrebbe utilizzare quattro o cinque domande fondamentali quali:

Come si chiama?
Di dov'è?
Che tipo di lavoro fa?
Le piace il suo lavoro?
Quali sono i suoi passatempi preferiti?

Riguardate sempre le domande prima di portare a termine l'intervista.

- Gli studenti dovrebbero registrare l'intervista su una audiocassetta o su una videocassetta e in seguito trascriverla. Nel caso in cui l'intervista fosse lunga, la trascrizione non dovrebbe superare le due o tre pagine. Inoltre, gli studenti dovrebbero scrivere delle domande sulla trascrizione usando il libro degli esercizi come modello.
- Potete, a questo punto, riguardare la trascrizione confrontandola all'audiocassetta o alla videocassetta, correggendo solamente gli errori di trascrizione. Vale a dire, se la persona intervistata genera lei stessa delle frasi in una forma grammaticale non-standard e lo studente le trascrive accuratamente, non dovrebbe essere corretta come un errore. Anzi, questo potrebbe diventare uno spunto per mettere in luce le differenze tra l'italiano scritto e quello parlato.
- Sarebbe opportuno fare delle copie delle trascrizioni e seguire la stessa procedura adottata nei testi del libro degli esercizi: l'intervista di ciascuno studente dovrebbe essere guardata/ascoltata in classe e il suo testo riveduto e discusso insieme.

Capitolo 1 La casa

Segment 1 • Present indicative   Time Code: 0:00:00

The speaker here is a physician who lives in Rome; he describes his sun-filled apartment, located near a lovely park. The setting for this interview was another apartment in Rome.

Sí, viviamo in un appartamento non distante dal... dal luogo di lavoro e molto vicino ad una delle più belle ville di Roma, Villa Ada, la... una volta denominata Villa Savoia, in quanto residenza fuori le mura dei re d'Italia. È un posto molto piacevole, ci permette di godere della vicinanza e della centralità dell'... dell'appartamento, della casa e anche del piacere di poter trascorrere un po' di tempo in un bel parco, quindi in un ambiente naturale piacevole.

È un appartamento molto... molto semplice. Vi è un ingresso abbastanza ampio e poi immediatamente un ampio locale al quale si accede attraverso un arco con due mensole che contribuiscono ad arricchire questa... quest'entrata. È uno spazio molto luminoso con due grandi finestre, e abitando al quarto piano, l'appartamento ha una bellissima luce, cosa che abbiamo preferito tra le particolarità di questa casa, proprio perché ci piace abitare in un ambiente solare.

1

Dopo l'ingresso, subito sul... sulla destra, in prossimità di questo ampio... di questo ampio salone, <u>vi è una cucina</u> con un piccolo terrazzino ed un piccolo ripostiglio, e continuando, dopo la cucina, un corridoio sul quale si affacciano due bagni, un... la camera dei bambini, la camera mia e di mia moglie, e un... uno spogliatoio all'interno della... della camera da letto... un po' in stile americano, dove riusciamo a contenere un po' di confusione che regna quasi sempre nella casa.

Note

in quanto	being that, since
vi è un ingresso, vi è una cucina	*Vi*, meaning "here" or "there," is an adverbial pronoun, used in the same way that *ci* is used, though often in more formal settings. The speaker obviously approached a videotaped interview as an event requiring formal language.
al quale si accede (from *accedere*)	to which one has access

Domande

1. Dove si trova l'appartamento?_____

_____

2. Perché è piacevole la zona in cui si trova l'appartamento?_____

_____

3. Che tipo di ambiente preferiscono queste persone?_____

_____

4. Quante camere da letto ci sono in questo appartamento?_____

_____

5. Descrivi in dettaglio il tuo appartamento o la tua casa: cosa si vede entrando, quante camere ci sono e per quale uso?_____

_____

6. Dove si trova il tuo appartamento/la tua casa? Descrivi il quartiere. _____

_____

Segment 2 • Near past (*passato prossimo*) and imperfect

Time Code: 0:02:32

This farmer, a native of the Tuscany region, cultivates olives and grapes. Here he describes renovations to his house, which is shown in the video.

Ma, prima, <u>l'è stata ristrutturata</u> tanto dentro che fuori. E fuori <u>l'era tutta intonaco</u>, <u>ha visto</u>, come una volta, con <u>l'intonachi</u>. Poi l'abbiamo <u>scortecciata</u> tutta, <u>diciamo</u>, e di fuori, e l'abbiamo ripresa tutta, il sasso e a cemento. Come ho detto prima, di fuori, sí, l'abbiamo fatta noi a... a intervalli—quando s'aveva meno lavoro ne' <u>campi</u>, allora ci... si... de... Poi, dentro, no. Dentro <u>l'è venuto</u>, gli si dava mano anche noi al muratore, faceva <u>l'intonaci</u>, gli <u>impiantiti</u>, tutti questi qui... le scale, insomma, dove <u>le c'era bisogno</u> di fare.

Note

l'è stata ristrutturata l'era tutta intonaco l'è venuto le c'era bisogno	This farmer uses a variety of Italian spoken in the region of Tuscany. One feature of it is the pronoun-copy rule, whereby a noun introduced at an earlier point in the discourse is referenced by means of the appropriate direct object pronoun. In the case of *lè stata ristrutturata* and *l'era tutta intonaco*, the noun referent is *la casa*, referenced by the pronoun *la*. The referent for *lè venuto* is *il muratore*, and for *le c'era bisogno*, it is *le scale*. This device is used in other regions as well; in Chapter 12, you will hear it in the speech of a woman from Rome.
ha visto	This phrase makes reference to the fact that the inter-viewers were shown the house earlier. Note that it is in the formal mode, as opposed to *hai visto*. Since the

3

	interviewers and the interviewee are meeting for the first time, the choice of the formal is natural.
intonaco, l'intonachi, l'intonaci campi	The pronunciation of these words reveals another feature of Tuscan Italian: in an initial position and between vowels, the *k* sound is frequently realized as *h*, so that *campi* sounds like *hampi* and *intonaci* like *intonachi*. This phenomenon is known as *gorgia toscana*, literally, "Tuscan throat." Notice that later in the interview, the speaker pronounces *intonachi* as *intonaci*.
scortecciata	Past participle of the verb *scortecciare*, meaning "to remove the outside covering of"; used with trees and plants.
diciamo	Literally, "let us say," a common phrase of discourse indicating that the speaker has an audience, is in conversation.
impiantiti	More commonly used in Tuscany for *pavimenti*.

Domande

1. Chi ha ristrutturato la casa?_____

_____

2. Quando si faceva il lavoro?_____

_____

3. Hai mai ristrutturato la tua casa/il tuo appartamento? Descrivi la ristrutturazione._____

_____

Capitolo 2 Il lavoro, Part 1

Segment 1 • Present indicative, use of *c'è* and
ci sono, impersonal *si*

Time Code: 0:03:34

The young man being interviewed is a policeman from Rome. He describes the various branches of the Italian police and some aspects of his job. The young woman seated at his side is his sister, a nurse whose interview you will hear later on the tape. The segment shows police at work in Florence.

Allora, il mio lavoro è quello di lavorare nella polizia di Stato. Sono agente della polizia. La polizia di Stato... eh... cioè, in Italia, <u>il discorso è questo</u>: ci sono le forze dell'ordine, cioè le forze di polizia che sono cinque. C'è la polizia di Stato, dove io sono dipendente. Poi sono i carabinieri, l'arma dei carabinieri, la guardia di finanza, la polizia penitenziaria e la polizia forestale. Allora, la polizia di Stato, dove lavoro io, ha le mansioni di ordine pubblico, cioè, di prevenzione e repressione di <u>reati</u>, di assistenza verso il cittadino. Lo stesso anche l'arma dei carabinieri... fa servizio di ordine pubblico, ma fa parte anche dell'esercito italiano, quindi ha mansioni anche che... se... dove ci sono dei problemi, per esempio di guerra, i carabinieri, facendo parte dell'esercito, devono partire. Comunque, sono al servizio dello Stato. Poi c'è la guardia di finanza anche, che fa parte appunto di questo cerchio delle forze di polizia, però, più che ordine pubblico, [pratica]mente previene i reati riguardanti le frodi fiscali, l'evasione fiscale... cioè, <u>coloro che</u> non pagano imposte, tasse. Poi, c'è la polizia penitenziaria, che riguarda... riguardante [pratica]mente le carceri italiane, cioè di vigilanza presso i penitenziari. E poi la forestale che è un corpo... che controlla, diciamo, tutti i boschi, le foreste e che... o... i parchi che si trovano in tutto il territorio italiano.

Il... io... il servizio... eh... dove faccio servizio maggiormente è nella zona a nord di Roma o anche nella zona verso sud... sud-est... no, sud-ovest, nella zona dell'<u>EUR</u>, zona... diciamo Ostiense, San Paolo, di Roma. Però, il <u>reparto</u> dov'è <u>ubicato</u> il mio ufficio si trova nella parte, diciamo, nord di Roma, dove... da lì partiamo tutti quanti con, appunto con le autovetture e poi ci <u>dislochiamo</u> in varie zone di Roma. Ognuno ha la sua zona dove deve rimanere là e dipendiamo tutti da una centrale operativa, da una sala operativa che <u>smista</u>... smista tutti gli interventi che... riguardanti, appunto, l'ordine cittadino.

Allora, nella polizia di Stato, ci sono tanti tipi di uffici, tanti tipi di re... di reparti. Dov'è il mio reparto, è un reparto dove... eh... si fanno i turni, si svolgono servizi da turnista, quindi si lavora il giorno, il pomeriggio, la sera, e la notte. Quindi a rotazione vengono fatti servizi durante le venti... l'arco delle ventiquattr'ore, normalmente. E un servizio che mi piace molto è quello notturno perché c'è poco traffico, si lavora molto e rimani sveglio... quindi, non è che è un servizio dove a un certo punto, t'annoi, insomma. È un servizio dove ti tiene molto occupato. Ma anche... anche nelle altre... nell'arco della giornata, il pomeriggio, la mattina, comunque, ci sono tanti altri tipi di servizi che magari la notte non fai che sono lo stesso... soddisfacenti, sono belli.

Note

il discorso è questo	Can be translated as "here's the story" and indicates that the speaker is about to give an explanation, often in response to a question about the topic at hand.
reati (sing. reato, m.)	crimes
coloro che	A pronoun meaning "they who" or "those who," used with reference to people (as opposed to animals, objects, or events).
EUR	Esposizione Universale di Roma, a residential and commercial area in the southern part of Rome, originally conceived by Mussolini in 1938. Intended as a

	symbol of the achievements of fascism, it was supposed to be completed in 1942 but suffered damage during the war. In 1952, the original buildings were restored, and new ones were added. Many of the venues for the 1960 Olympics are located in the EUR.
reparto (m.)	Used here to mean "precinct"; used in other contexts to mean "hospital ward" or "department." (See Chapter 13, Segment 3; Chapter 20, Segment 4.)
ubicato	The verb is *ubicare*, to locate.
dislochiamo	The verb is *dislocare*, to dispatch.
smista	The verb is *smistare*, to sort.

Domande

1. Quali sono le cinque forze dell'ordine in Italia e qual'è la funzione di ciascuna?_____

_____

2. Dove fa servizio l'agente che parla?_____

_____

3. Cosa vuol dire essere turnista? In quali altri impieghi c'è lavoro da turnista?

_____

4. Perché questo agente preferisce lavorare di notte?_____

_____

5. Descrivi le forze di ordine pubblico nel tuo paese: quante sono e cosa fanno?

_____

Segment 2 • Present indicative, use of *ciò*,
time expressions

*This man, an auto mechanic, describes his work. The setting is his shop; you will
also see a gas station on a highway near Florence.*

MECCANICO: Il mio mestiere è questo qui, è il meccanico, le riparazioni.
Noi ripariamo qualsiasi autovettura, di qualsiasi marca e
facciamo però il lavoro completo in questa officina, sia da
elettrauto, meccanica, e tutto <u>ciò</u> che riguarda l'iniezione
elettronica... tutto... quasi tutto di <u>ciò</u> che riguarda la vet-
tura. Queste sono le riparazioni nostre. Dei giorni c'è più
lavoro, dei giorni ce n'è <u>de</u> meno, dei giorni c'è caos, e dei
giorni il lavoro è molto più calmo, come oggi, è calmo.

INTERVISTATRICE: <u>Ma</u> lavori di carrozzeria?

MECCANICO: Lavori di carrozzeria, no. Ma tutto <u>ciò</u> che riguarda la meccanica <u>e l'elettrico,</u> noi lo facciamo tutto quanto... aria
condizionata, tutto.

    <u>Beh</u>, con <u>l'</u>interventi rapidi che dobbiamo fa' per assis-
tenza ai clienti, delle volte dieci, quindici, cinque, venti
macchine, può succedere in un giorno, <u>a secondo</u> come,
come <u>se</u> svolge il lavoro, secondo la... la... importanza del
lavoro.

INTERVISTATRICE: La <u>Sua</u> è una giornata lunga... Quando incomincia?

MECCANICO: Molto lunga, purtroppo. Incomincia alle otto, otto e mezzo,
fino alle sei, alle sette, alle <u>diciannove</u>.

Note

ciò   A form of the phrase *quello che*.
de, se   In Roman Italian, *di* and *si* are frequently written and pro-
               nounced *de* and *se*.

ma	In addition to serving as a conjunction, *ma* in this context also has the discourse function of linking the interviewer's question to the interviewee's previous statement; can be translated as "and what about . . . ?"
e l'elettrico	In standard Italian this would be *l'impianto elettrico*; *elettrico* is an adjective.
Beh	A common discourse marker, corresponding to the English "well."
l'(interventi)	In some varieties, the third person plural article *gli* is realized simply as *l'*.
a secondo	according to, depending on, usually accompanied by the preposition *di*; *a secondo di*
Sua	The interviewer and the interviewee have never met; hence the interviewer uses the formal pronoun form *la Sua*, as opposed to the informal *la tua*.
dieciannove	Roman pronunciation of *diciannove*

Domande

1. Descrivi il lavoro di questo meccanico._____

_____

2. Questo meccanico fa lavori di carrozzeria?_____

_____

3. Su quante macchine lavora il meccanico in un giorno?_____

_____

4. A che ora incomincia a lavorare e fino a che ora lavora?_____

_____

5. Dove porti a riperare la tua macchina? Descrivi il tuo meccanico: vecchio, giovane, alto, basso, simpatico, ecc._____

_____

6. Quante volte all'anno vai dal meccanico? Sei capace di fare le riparazioni da te o di cambiare l'olio e le gomme?_____

_____

Capitolo 3 Il lavoro, Part 2

Segment 1 • Present indicative, near past (*passato prossimo*),
imperfect, use of *ecco*   Time Code: 0:08:21

> *This woman is a Roman housewife who also manages a knitwear business in her
> home. She is seen sitting at the knitting machine she uses.*

Io faccio lavori di maglia, <u>appunto</u>, la mattina dopo che <u>ho ordinato casa</u>, mi
metto e lavoro fino a mezzogiorno, faccio questi... lavoro di maglia su ordi-
nazione, non... <u>ecco</u>... e poi, dopo, il pomeriggio, sempre continuo il mio
lavoro—sono, magliette, completi da donna, diciamo, che consiste magliet-
ta, gonna, giacche da donna, maglioni da uomo, un po' tutto in generale, un
po' tutto in generale. Lavoro su misura, viene il cliente, guarda—o già <u>ci ha</u>
un'idea ben precisa e mi dice come lo vuole oppure magari guarda su! fig-
urino e se lo fa fare uguale, <u>ecco</u>. E poi tante volte magari quando ho meno
lavoro, diciamo ci sono i periodi un po' più morti, no?... E sono proprio io
che organizzo delle magliette, faccio un campionario di fantasia mia e poi
dopo, chi viene, gli piacciono e se le compra.

   E praticamente, io ho cominciato a tredici anni. Andavo a imparare sui la-
boratori, fino a vent'anni... sono andata a lavorare fuori e poi dopo mi sono

messa <u>per conto proprio</u>, ho comprato la macchina da maglieria e ho continuato sempre così.

Note

appunto	Translates as "precisely" and indicates that part of what the speaker is saying has already been mentioned. In this case, she has described her daily schedule earlier in the interview and now briefly mentions it again (*la mattina dopo che ho ordinato casa*).
no ordinato casa	In standard Italian the verb would be *riordinare*, and the article *la* would be used.
ecco	A discourse marker that translates as "you see," "there," or "that's it"; indicates that the information provided by the speaker is complete or already known by the hearer.
ci ha	The infinitive here is *averci*. This phrase is commonly pronounced *cha* (first person, *cho*) and is frequently contracted to *c'ha*. This is considered informal usage, equivalent to "I've got" as opposed to "I have" in English. (See Chapter 13, Segment 3.)
per conto proprio	on one's own, on my own

Domande

1. Che tipo di lavoro fa la signora? _____

_____

2. A che ora lavora e dove lavora? _____

_____

3. Quanti anni aveva quando ha cominciato e dove ha imparato?_____

_____

4. Conosci qualcuno che lavora in casa per conto proprio? Descrivi che lavoro fa e che orario fa. _____

_____

Segment 2 • Present indicative, near past (*passato prossimo*), daily schedule

Time Code: 0:09:39

The interviewee, a deaf man from Rome, is describing his average day at work. The woman sitting next to him understands Italian Sign Language (Lingua Italiana dei Segni, or LIS) and interprets what he is signing into spoken Italian. You are therefore hearing a female voice, but the content of what she is saying originates with the deaf man. The entrance to the Istituto Statale dei Sordomuti, the school for the deaf in Rome, is shown.

Dunque, la mattina io mi sveglio intorno alle sette. Preparo la colazione, faccio colazione, esco, prendo la macchina, e lascio la macchina in centro. Prendo un autobus che mi porta proprio invece al centro storico di Roma. Eh, lavoro, <u>firmo</u>, e chiacchero, poi vado a comprare il giornale, mm... cinque, dieci minuti leggo il giornale poi cominciamo a parlare di lavoro e lavoro... diciamo che ogni due ore vado a fumare una sigaretta. Parliamo un po' con i colleghi del lavoro. Io sono l'unico <u>sordo</u>. I miei colleghi sono tutti <u>udenti</u>. Parliamo di lavoro, delle cose anche che sono successe <u>nell'arco della giornata</u> mentre si lavora, fino alle due meno un quarto. Alle due meno un quarto firmo e esco e poi vado in <u>Via Nomentana</u>, dove ci sono tante altre attività. Insegno in un corso <u>per sordi</u> — insegno in un corso di lingua dei segni il lunedì, il martedì, il mercoledì, il giovedì, e il venerdì. E ogni giorno ho un posto di lavoro diverso, per quanto riguarda l'attività <u>pomeridiana</u>. La mia attività della mattina, invece, è fissa, è sempre nello stesso posto.

Note

firmo	First person of the verb *firmare*; in this context, it means "to sign in at work."
sordo (m.)	deaf person
udente (m.)	hearing person

nell'arco della giornata	during the course of the day
Via Nomentana	The location of the Istituto Statale dei Sordomuti, one of the state schools for the deaf.
per sordi	The interpreter mistakenly states that the course the interviewee teaches is "for deaf people"; rather, it is a sign-language course for hearing people.
pomeridiana	Adjective relating to the noun *pomeriggio*, meaning "of the afternoon."

Domande

1. A che ora si sveglia questo signore e cosa fa quando si sveglia?_____

_____

2. Come arriva al lavoro?_____

_____

3. Fino a che ora lavora e dove va dopo il lavoro?_____

_____

4. Cosa fa in Via Nomentana?_____

_____

5. Conosci delle persone sorde? Hai mai studiato la lingua dei segni? _____

_____

6. Descrivi una tua giornata tipica: a che ora ti alzi, come arrivi al lavoro, cosa fai al lavoro, a che ora mangi, a che ora vai a casa, ecc._____

_____

Segment 3 • Near past (*passato prossimo*)   Time Code: 0:11:05

This man is the head chef at a restaurant in Rome called Da Otello Alla Concordia, located near the Spanish Steps. He is explaining how he achieved this position. You will see the entrance to the restaurant and the kitchen.

CUOCO: Sí, ho cominciato prima a lavare i piatti. Poi <u>passato</u> a dispensiere. Da dispensiere <u>ho passato</u> ai primi piatti; dai primi piatti, ho passato ai secondi.

INTERVISTATRICE: Ho capito.
CUOCO: Ma sempre della scuola da Signora Nora, che sarebbe la proprietaria.
INTERVISTATRICE: Ho capito. Ma adesso è il cuoco…
CUOCO: Adesso sono cuoco <u>perfetto</u>, <u>ormai</u>.
INTERVISTATRICE: <u>Cuoco principale.</u>
CUOCO: Cuoco principale, sí, sí.
INTERVISTATRICE: Ho capito. ⎡Ma allora
CUOCO: ⎣Ma però vengo⎤ dalla scuola da Nora, la Signora Nora che era proprio la proprietaria de… del ristorante.
INTERVISTATRICE: Ho capito.

Note

passato, ho passato	In each instance, it should be *sono passato; passare* is conjugated with *essere*.
perfetto	This is an idiosyncratic use; standard Italian would probably dictate the use of the adjective *provetto*.
ormai	Translates as "at this point."
cuoco principale	head chef; more commonly *capocuoco*.
[ ]	Brackets indicate that two people are talking at the same time.

Domande

1 . Il cuoco che lavoro faceva prima?_____

_____

2 . Poi che lavoro ha fatto?_____

_____

3 . Chi è la Signora Nora?_____

_____

4 . Che lavoro fai?_____

_____

5 . Descrivi la tua carriera: qual'è stato il tuo primo lavoro; perché hai cambiato lavoro; quanti posti di lavoro hai avuto nella tua carriera, ecc._____

_____

In this segment, the farmer describes what needs to be done each season to cultivate his olives and grapes.

In primavera, ci sono da sistemare le viti, <u>concimarle</u>, tutto questo qui. Poi, quando s'arriva all'estate, comincia—sempre parlando delle viti—c'è da <u>ramare</u> le viti, no? L'ha visto, lo zolfo... lavorargli il terreno, tenerle un po' in su, chiuse, legarle, perché se no, il vento le rompe. Questo continua per settimane, settimane, fin tanto l'uva non l'arriva, diciamo... non diciamo alla maturazione, ma quasi. E nello stesso tempo <u>vien fatto i lavori</u> anche per <u>l'ulivo</u>, nell'estate, lavorato il terreno. Poi, in primavera, per esempio, c'è <u>la potatura</u> dell'ulivo. L'ulivo va potato tutti gli anni. E lì, anche lì chiede un po' di lavoro perché ci vogliono settimane e settimane di lavoro, quelli vanno potati, tolto il legno, bruciato. Poi, s'arriva all'autunno, c'è la vendemmia e <u>la semina dei grani...</u> Finito quello, <u>c'è l'ulive</u> e s'arriva a novembre, novembre, verso la metà di novembre, c'è la raccolta delle ulive. E questo... per la raccolta delle ulive, dipende un po' dalla stagione. Se viene la stagione buona, bel tempo, non piove, si può <u>fare alla svelta</u>, venti giorni, un mese. Se poi la stagione <u>l'è cattiva</u>, a volte può durare anche quaranta giorni. E se specialmente fa freddo, <u>l'è ancora</u> più. E quando s'arriva a novembre, la metà di novembre, comincia a fare un po' freddino allora.

Note

concimarle	to fertilize them
ramare	to apply copper sulphate to vines
vien fatto i lavori	It is interesting to note the lack of agreement between the singular verb (*vien fatto*) and the plural object (*i lavori*). Also note the use of the verb *venire* as an auxiliary (*viene fatto* as opposed to *è fatto*) and the absence of the final vowel of *viene*. These are all common features of colloquial speech.
l'ulivo	alternate spelling and pronunciation of *l'olivo*
la potatura	the pruning; from the verb *potare*
la semina dei grani…	The speaker uses an intonational pattern that means "You, the hearer, already know what I'm going to say." This occurs frequently at the end of sentences.

c'è l'ulive	Note the lack of agreement between the singular verb (*c'e*) and the plural subject (*ulive*); also, the feminine plural of the definite article, *le*, is reduced to *l'* here, probably because of the vowel that follows.
fare alla svelta	to do something quickly
l'è cattiva, l'è ancora	See Notes to Chapter 1.

Domande

1. Che lavoro deve fare l'agricoltore in primavera?_____

_____

2. Che lavoro deve fare d'autunno e d'inverno?_____

_____

3. Perché la raccolta delle ulive dipende dalla stagione?_____

_____

4. Conosci qualcuno che lavora in una fattoria? Descrivi che tipo di fattoria è, dove si trova, e che tipo di lavoro deve fare._____

_____

Capitolo 4 I ricordi

Segment 1 • Remote (historical) past (*passato remoto*),
imperfect, imperative, reported speech, near past
(*passato prossimo*)   Time Code: 0:13:42

*This seventy-seven-year-old woman recounts one of her memories of World War II,
when she was in her twenties. You will see a photo of her taken during the war.
She was interviewed in her son's home.*

E ci fu un signore, un mezzo parente che ci... eh... mio marito <u>c'aveva</u> una
bicicletta. Questo doveva andare in Abruzzo—<u>Piuccio, no?</u>—doveva andare
in Abruzzo, gli serviva una bicicletta. Dice: «Guarda, <u>te</u> do <u>dieci</u> chili <u>de</u>
farina se tu <u>me</u> dai '<u>sta</u> bicicletta», che poi la bicicletta non era neanche de
mio marito, ma era de mio fratello! Quindi, pensa tu. Allora, abbiamo <u>data</u>
questa bicicletta. E questo, logico, meno male, stasera <u>se</u> mangia. E allora, lui
se n'è andato con la bicicletta e io, subito <u>la sfoglia</u>, vero? Perché io la sfoglia
la so fare. Un sughetto con <u>du'</u> pomodori rimediati non lo so come. Quando
siamo andati a mangiare, nella farina c'era tutta polvere di marmo. E non si
poteva mangiare. Quindi l'abbiamo buttato tutto. Che lui non lo sapeva
neanche lui, eh? Quello che c'ha dato la farina, non lo sapeva, perché era un
parente, insomma... non, non si fanno... e tutta polvere di marmo. Quindi,

mangiavi e sentivi «crak crak» quindi tutto buttato. <u>Questo è un altro… un altro sistema che… e poi…</u>

Note

c'aveva	Contraction of *ci aveva*, "he had there." (See Chapter 3, Segment 1.)
Piuccio, no?	Piuccio is a relative of the speaker; she identifies him to her son, who is watching the interview.
te, me, de, se	The vowel *i* in the words *ti, mi, di,* and *si* is commonly pronounced as *e* in Rome.
dieci	ten; what you hear is the Roman pronunciation, in which the *c* is pronounced *sh* instead of *ch*.
'sta	A common pronunciation of the word *questa*. (Also *'sto, 'sti, 'ste* for *questo, questi,* and *queste*.)
data	Because the object follows the verb here, we would not expect the past participle to be in agreement; we would expect it to be *dato*. This example shows the variability that occurs in everyday speech.
la sfoglia	the dough used for making pasta
du'	a colloquial pronunciation of the word *due*, two
Questo è un altro…	The speaker has finished her story, and this sentence is like conversational "filler." She is not talking about any specific system.

Domande

1. La famiglia, come ha ottenuto la farina? _____

_____

2. Chi è Piuccio?_____

_____

3. La signora che cosa ha fatto con la farina?_____

_____

4. Perché la sfoglia non si poteva mangiare? _____

_____

5. Piuccio sapeva che c'era un problema con la farina? _____

_____

6. Ti ricordi una volta quando sei rimasto/a sorpreso/a? Descrivi il ricordo.

_____

Segment 2 • Remote (historical) past (*passato remoto*), passive, near past (*passato prossimo*)

Time Code: 0:15:04

This woman is a publisher of art books. As she explains in this segment, she joined the resistance movement against fascism during World War II. She was interviewed at her place of business.

E quando arrivò l'otto settembre, io dovetti darmi subito malata e scappare per non essere arrestata eccetera. E da quel momento, io sono entrata nella clandestinità e ho fatto la staffetta, la partigiana, l'ufficiale di collegamento, fino all'undici agosto del 1944, quando c'è stata la liberazione di Firenze.

Note

l'otto settembre

September 8, 1943, the date Marshal Pietro Badoglio negotiated an armistice with the Allies. Almost all Italian units were transferred to the Germans, and Italy was divided in two by the front line. The south was controlled by the Allies (mainly the American and British); the north was under German occupation. This marked the beginning of the resistance movement against fascism.

la staffetta — messenger, courier

l'ufficiale di collegamento (m.) — liaison officer

Domande

1. Perché l'otto settembre del 1943 è una data importante? _____

_____

2. Che cosa ha fatto la signora l'otto settembre?_____

_____

3. Che cos'è successo l'undici agosto del 1944? _____

_____

4. Hai un ricordo che riguarda una guerra o un conflitto? Descrivi il ricordo.

_____

Segment 3 • Remote (historical) past (*passato remoto*), imperfect, passive

Time Code: 0:15:38

At the time of the interview, this gentleman was ninety-two years old. He is recounting his memory of a World War II experience. The woman sitting next to him is a friend.

UOMO: Io invece venni a casa e venivano a cercarmi i tedeschi; montavo sul tetto, poi ritornavo in casa. Un giorno morì un... siccome io per... per... facevo, ero stato il sacrestano della chiesa di Marcialla.

DONNA: Sempre stato, sí.

UOMO: Morì un signore e <u>il parroco</u> mi mandò a chiamare perché andassi a portargli <u>i ceri</u>... <u>ha visto</u> come si fa quando uno <u>è esposto in casa,</u> è morto. <u>E presi e andai.</u> Sennonché, quando uscii da quella villa, che <u>l'era propria</u> la villa lassù in piazza, quella di faccia, quella villa, <u>mi dettero dietro</u> i tedeschi per prendermi. Allora io entrai nella... nel... no in chiesa ma in quest'altra stanzetta che c'era là che <u>la si chiama</u> la compagnia. Per fortuna, mi dettero dietro, entrai là dentro, c'erano delle <u>cappe</u> che una volta <u>s'adoperava</u> per portar via i morti, nere, con dei <u>cappucci</u>. N'ebbero paura, ritornarono indietro e io entrai là in casa del prete e poi passai dall'altra parte e venni di qua giù sotto e rientrai in casa. Ma m'hanno dato dietro due o tre volte ma non m'hanno mai preso.

DONNA: Meno male!

Note

il parroco	parish priest; note the slight *h* sound in the pronunciation of the *c*.
i ceri (sing. il cero)	altar candles or tapers

ha visto	The speaker, addressing the interviewer, uses the formal form.
è esposto in casa	The body was laid out for viewing.
e presi e andai	Beginning a sentence with one or more conjunction-plus-infinitive construction is Tuscan vernacular.
l'era, la si chiama	See Chapter 1, Segment 2.
mi dettero dietro	Tuscan vernacular for *mi inseguirono*
cappe (sing. la cappa)	capes
s'adoperava	the impersonal *si* construction, "once was used"
cappucci (sing. cappuccio)	hoods

Domande

1. Chi venne a cercare il signore? _____

_____

2. Perché il parroco lo chiamò? _____

_____

3. Dove andò il signore per non essere arrestato? _____

_____

4. Perché i tedeschi ebbero paura? _____

_____

5. Ricordi un'occasione in cui hai dovuto nasconderti? Spiega perché. _____

_____

6. Ricordi una situazione in cui hai avuto paura? Perché? _____

_____

Capitolo 5 Differenze linguistiche

Segment 1 • Imperfect, present indicative,
use of *c'è* and *c'era*   Time Code: 0:17:18

*These two actors have worked extensively both on the stage and in movies. They
are also married. In this segment, you will see a busy street with a variety of signs
and also a view of Florence and the Arno River.*

ATTRICE: E questo è un grosso problema in Italia perché... infatti c'era un
grande autore italiano che si chiamava <u>Flaiano</u> che diceva che in
cinema, in teatro, si parla l'italiano dei doppiatori, che è un italiano
finto, perché in realtà una lingua nazionale non l'abbiamo, perché
se uno pensa al <u>sardo</u>, al <u>pugliese</u>, al <u>campano</u>, al <u>lombardo</u>, al
<u>veneto</u> che la gente normalmente parla per le strade, sono lingue
incomprensibili—sono lingue, sono linguaggi con una loro storia e
una loro cultura. L'italiano, quello che noi stiamo parlando adesso,
in realtà non esiste, esiste per pochi. Certo, esiste una lingua
nazionale che viene parlata in televisione, in cinema, in teatro, ma
appunto Flaiano la criticava dicendo la lingua dei <u>doppiatori</u> perché è una lingua falsa che non corrisponde alla... alla vera anima

dell'italiano perché l'it... in ogni regione c'è, come c'è un piatto di cucina diverso, così c'è una lingua diversa, una cultura diversa.

ATTORE: Comunque, per esempio, noi, a proposito dei dialetti, eh... noi attori quando studiamo una parte, studiamo un personaggio eh... molte volte ce lo traduciamo mentalmente nel dialetto della nascita, nel nostro dialetto di origine e lì ritroviamo la radice, ritroviamo la nostra cultura.

ATTRICE: La verità

ATTORE: E forse troviamo anche un minimo di verità.

Note

Flaiano	Ennio Flaiano (1910−72), writer and critic
il sardo	Dialects of Italian spoken in Sardegna, Puglia, Campania, Lombardia, and Veneto, respectively. From a linguistic standpoint, they are often described as separate languages and are mutually incomprehensible. They are also distinct from regional accents. Many dialects also have their own literature in the form of poetry, novels, and plays.
il pugliese	
il campano	
il lombardo	
il veneto	
doppiatori (sing. il doppiatore, m.)	dubbers

Domande

1. Che cosa diceva Flaiano?_____

_____

2. Quando si usa l'italiano?_____

_____

3. Cosa fanno gli attori quando studiano una parte?_____

_____

4. Tu riesci a distinguere gli accenti diversi in italiano o in altre lingue che studi?

_____

5. Come descriveresti il tuo uso dell'inglese? Hai un accento regionale?_____

_____

6. Ci sono accenti o varietà d'inglese che preferisci? Perché? Ci sono accenti o varietà che non capisci?_____

_____

7. Descrivi la situazione linguistica negli Stati Uniti: ci sono varietà d'inglese come quelle descritte da questi attori? _____

_____

Segment 2 • Reciprocals, negative sentences, direct object pronouns

Again we see the deaf man, this time discussing, through a signing interpreter, the lexical variations in Italian Sign Language.

PERSONA SORDA: In Italia i segni, sí, sono molto diversi però quando noi sordi ci incontriamo, non abbiamo nessun problema, ci comprendiamo perché—beh, la grammatica è la stessa. Cambiano i segni al livello lessicale, questo chiaramente non crea nessun problema.

INTERVISTATRICE: Ad esempio? [Interpreter signs.]

PERSONA SORDA: Eh, ad esempio, ecco, questo segno qui, PAPÀ, PAPÀ qui da noi, in un'altra città si dice PAPÀ. A me viene da ridere perché si capisce lo stesso, noi conosciamo anche queste differenze. Questo SERVIZIO, quest'altro, un altro tipo di SERVIZIO, ma io lo capisco lo stesso. Ce ne sono tanti di segni diversi, però tutto al livello lessicale. Qualche verbo é diverso ma sono rari, ma insomma si capiscono ugualmente molto bene perché la grammatica è la stessa.

Note

PAPÀ   Uppercase is commonly used for written representations of Italian Sign Language, the Italian name for which is Lingua Italiana dei Segni (LIS). Statistics show that the average rate of deafness is one per thousand, so out of a population of fifty-seven million Italians, approximately fifty-seven thousand are deaf. LIS is widely used among the Italian deaf community, which is represented in every major city from Palermo to Trieste. The signer seen here is a member of the Roman deaf community. The voice you hear is the voice of his interpreter, the woman on the right side of the screen. She comes from a deaf family and is therefore bilingual in Italian and LIS. She watches the deaf man and interprets what he is signing into spoken Italian. (See Chapter 14 on careers, in which she briefly describes her work as an interpreter.) It should be noted that sign language is not universal: LIS is very different from American Sign Language (ASL) and British Sign Language (BSL), and a great deal of lexical variation exists within LIS, so that Rome signs may differ from Venetian, Milanese, or Sicilian signs for the same concepts. Here the signer shows two different signs for the concepts PAPÀ and SERVIZIO.

Domande

1. Secondo questo signore, i sordi di città diverse si capiscono? _____

_____

2. Descrivi il lavoro dell'interprete—cosa fa? _____

_____

3. Hai mai avuto bisogno d'un interprete? Hai mai fatto l'interprete per un'altra persona? _____

_____

4. Da' esempi di variazioni regionali o dialettali nel vocabolario dell'inglese americano o britannico, tipo couch/sofa/davenport o truck/lorry. (O anche in altre lingue che parli o che studi.) _____

_____

Segment 3 • Present indicative, near past (*passato prossimo*), impersonal *si*, use of *ecco*   Time Code: 0:19:45

This couple from the north of Italy is discussing the nature of regional variation in Italian. The woman responds to the interviewer's question as to whether she speaks a dialect. In this segment, you see the Spanish Steps and Da Otello, a restaurant in Rome.

UOMO: Volevo parlare forse della lingua...

INTERVISTATRICE: Sí.

UOMO: ...che parliamo. Eh, l'italiano che usiamo noi è un italiano che noi definiamo standard, cioè è un italiano che abbiamo imparato a scuola e che abbiamo imparato parlando con... con le altre persone. Devo dire che l'italiano standard nasce all'inizio degli anni cinquanta, grazie all'<u>avvento</u> della televisione, che ha uniformato, diciamo, tutte le parlate italiane. Fino agli anni cinquanta, in Italia si parlava con... con differenti accenti e con... e con addirittura con differenti dialetti da regione a regione e da zona a zona. Eh... adesso la televisione ha fatto questa grande cosa, che è appunto di unificare l'italiano. Ci sono ancora sacche molto particolari di persone in Italia che parlano lingue straniere—Non so, ad esempio, in Val d'Aosta si parla un dialetto francese; in Trentino, ad esempio, verso l'Austria, si parla il tedesco; in alcune zone del Meridione, si parla l'albanese o il greco... ecco, sono realtà molto... molto circoscritte, molto... molto piccole. In generale, tutti parlano italiano, a scuola, a lavoro, tranne appunto in alcuni casi in cui si usa il dialetto.

DONNA: No, io non parlo dialetto. La nostra zona purtroppo è una zona che ha perso molto, <u>per cui</u> <u>da noi</u> parlano dialetto le persone di una certa età, e sole in alcuni contesti... Ad esempio, mio padre conosce perfettamente il dialetto e non l'ha mai parlato con... con noi figlie. L'ha sempre parlato con i suoi coetanei, con gli anziani del paese, e ancora adesso lo utilizza solo in alcune situazioni.

Note

avvento	the advent
per cui	such that
da noi	in our region, where we live
persone di una certa età	"persons of a certain age," elderly
sole	The speaker may have meant to say *solo* here.

Domande

1. Quali sono le lingue che si parlano in Italia, oltre all'italiano? _____

_____

2. Secondo l'intervistato, che cosa ha contribuito a uniformare l'italiano?

_____

3. Secondo la signora, chi parla in dialetto? _____

_____

4. Quali lingue si parlano negli Stati Uniti, oltre all'inglese? _____

_____

5. Tu quali lingue parli e con chi— quale lingua parli a casa, con gli amici, al lavoro o a scuola, ecc.? _____

_____

6. Quali altre lingue parlano i tuoi genitori o i tuoi nonni? _____

_____

7. Secondo te, l'inglese parlato negli Stati Uniti è cambiato? _____

_____

Capitolo 6 La lettura

Segment 1 • Present indicative, relative clause formation, present subjunctive

Time Code: 0:21:44

This man is a retired journalist who wrote for the communist daily L'Unità, *focusing mostly on the Middle East. He was asked what he likes to read. You will notice his particular pronunciation of the consonant r, which sounds somewhat like the French r and is referred to as the* r moscia, *or "wet r." In this segment, you see a newstand in Florence and a park in Rome. The journalist was interviewed on the rooftop of an apartment building in Rome.*

UOMO: Poi, naturalmente leggo settimanali, periodici, e poi libri…

INTERVISTATRICE: Romanzi?

UOMO: Io credo…

INTERVISTATRICE: Poesia? Teatro?

UOMO: Di tutto—di tutto, di tutto, leggo un po' di tutto ma soprattutto diciamo che le cose che leggo di più sono ovviamente, ahimè, cose che riguardano il Medio Oriente, perché il... la documentazione e la necessità di, di imparare, di accrescere le proprie conoscenze non finisce mai, specie in una realtà così vasta e poi così mutevole, perché la... le cose nel Medio Oriente cambiano molto in fretta, molto più in fretta che da noi generalmente. Poi leggo, certo, leggo anche romanzi, leggo libri di viaggi, libri di montagna perché sono un appassionato di montagna <u>nonché</u> alpinista, quindi libri di montagna e di alpinismo, di viaggi, libri di storia, perché la storia è molto importante per... per conoscere il mondo in cui si vive—e diciamo che leggo un po' di tutto, ecco. <u>Questi</u> sono le cose che leggo di più e poi leggo qualunque cosa capita. Penso che il prodotto più... più utile e più affascinante a questo mondo sia il libro.

Note

ahimè	alas
il Medio Oriente	the Middle East
specie	especially
nonché	not to mention
questi	Note the lack of agreement between this word and the noun to which it refers, *le cose*. This is simply another example of the variability that occurs in everyday speech.

Domande

1. Il giornalista che cosa legge?_____

_____

2. Perché legge cose che riguardano il Medio Oriente?_____

_____

3. Perché legge libri di montagna?_____

_____

4. Cosa pensa dei libri in generale?_____

_____

5. Cosa leggi tu e perché?_____

_____

Segment 2 • Present progressive, use of *ci sono*

Time Code: 0:23:01

This man, a professor of physics at the University of Florence, is describing what he likes to read. He was interviewed at the Forte Belvedere above Florence, visible in the background. You will also see students at the University of Rome and the entrance to a bookstore.

UOMO:	Per il resto, non ho, non ho <u>molti</u>... limitazioni. Ho una figlia inglese che mi sta obbligando a imparare la letteratura inglese, perciò leggo letteratura inglese, ecco, tutti i romanzi dell' Ottocento —non parliamo di Shakespeare perché quello diventa una banalità—eh... e poi, che altro—devo dire, qualunque libro...
INTERVISTATRICE:	Poesia?
UOMO:	Poesia, poesia, giusto, grazie. Sí, sí, la poesia. Ci sono i poeti italiani, ci sono i poeti inglesi, francesi... sí, spendo tempo a leggere poesia.
INTERVISTATRICE	[inaudible]
UOMO:	Beh, tra gli italiani, a cominciare da Leopardi, continuare con Montale, <u>Ungaretti</u>, Quasimodo. Degli inglesi in questo momento è da un po' che non leggo... ho letto Eliot, ho letto Auden, Frost, americani anche, certo—ecco, insomma.

Note

molti   This masculine plural adjective does not agree with the feminine plural noun that follows it. This is simply indica-

Ungaretti and tive of the speaker's momentary hesitation in expressing his thoughts.

Ungaretti   Giuseppe Ungaretti (1888–1970), Italian poet depicted in the drawing shown during this segment. He was the creator and major representative of Italian hermetic poetry, which developed in Italy between 1915 and 1950. Its hallmark is the suggestion of images and ideas without actually naming them and the allusion to entities and events without describing them. Other members of this poetic movement include Eugenio Montale, Salvatore Quasimodo, and Alfonso Gatto.

Domande

1. Che cosa legge il signore? _____

_____

2. Perché legge letteratura inglese? _____

_____

3. Quali poeti preferisce il signore? _____

_____

4. Tu leggi poesia? Quali poeti preferisci e perché? _____

_____

5. Hai mai scritto una poesia? Se sí, su che cosa? _____

_____

Segment 3 • Present indicative, near past (*passato prossimo*), conditional   Time Code: 0:24:15

This is the mechanic you met in Chapter 2. An avid reader, he discusses his preferences in books. Once again you see a newstand and book vendors.

Qualche cosa je farò vede', senz'altro, sí. Io c'ho la passione della pittura, ho la passione di leggere storia, ciò che riguarda la vita. Sono uno che lavora, un operaio però... a suo tempo non ho avuto la possibilità di studiare, però m'ha preso la cosa di sapere, sapere, sapere. Voglio conoscere tutto, cercare di leggere più che sia possibile e poi c'ho una passione bellissima, che è, dipingo.

 Beh, io per esempio ho letto molti libri anche de... di filosofia. Poi ho letto libri di poesia, libri di storia. Poi ho letto—che a me piace moltissimo—ho letto Carlo Marx, ho letto Gramsci, ho letto libri... anche de poesia romanesca come Trilussa, Gioacchino Belli, ho letto molto *La divina commedia*, ho letto dei romanzi di Calvino. Però il tempo è quello che è. A me piacerebbe leggere di più, ma il tempo non c'è.

Note

je	A common Roman pronunciation of the indirect object pronouns *gli* and *le*. Notice that the speaker chooses the third-person pronoun, appropriate for formal address.
vede'	Roman pronunciation of *vedere*.
c'ho	See Chapter 3.
a suo tempo	The speaker refers to himself in the third person; the phrase refers specifically to the time of his youth.
più che sia possible	In standard Italian this would be *il più possibile*.
Gramsci	Antonio Gramsci (1891–1937), Italian political leader and theoretician who helped establish the Communist party in 1921. In 1926, the party was banned by the fascists, and Gramsci spent the rest of his life in prison. His *Lettere dal carcere* (Letters from Prison) was published posthumously in 1947.
de	See Chapter 2, Segment 2.
romanesca	The adjective used to describe the Roman dialect, also known as Romanesco. See Chapter 15, in which this speaker recites a poem in Romanesco.

Domande

1. Cosa legge questo signore?_____

_____

2. Perché non ha avuto la possibilità di studiare?_____

_____

3. Perché non legge di più? _____

_____

4. Qual'è l'altra sua passione?_____

_____

5. Tu cosa fai nel tempo libero?_____

_____

6. Hai una passione? Qual'è la tua passione? _____

_____

Capitolo 7 L'amicizia

Segment 1 • Use of *oltre*, sequence of infinitives,
present indicative   Time Code: 0:25:34

> *This is the physician you met in Chapter 1. He is describing how he spends time*
> *with his friends. You will see scenes from a park in Rome.*

La sera, successivamente, cerchiamo di dedicare un po' di tempo, con... con
mia moglie agli amici oltre che ai figli e oltre ad interessi vari, che possono
essere quelli di seguire un buon spettacolo di teatro, al cinema o una mani-
festazione musicale o anche semplicemente <u>fare quattro chiacchere</u> con...
amici.

Note

fare quattro chiacchere   to chat, literally, "to make four chats"; infinitive,
chiaccherare

Domande

1. Cosa fanno, la sera, il signore e la moglie?_____

2. Tu cosa fai la sera? _____

_____

3. Cosa fai il weekend? _____

_____

4. Quale gruppo musicale preferisci? Descrivi l'ultimo concerto a cui hai assistito. _____

_____

Segment 2 • Near past (*passato prossimo*), imperfect, conditional, future indicative

This is the book publisher from Chapter 4. She is describing her friendship with the sculptor Henry Moore.

Eh, <u>Moore</u> è arrivato qui nell'estate del '67 e c'erano ancora tutte le strade... eh, non dico con <u>la mota</u> ma con tutte le case <u>puntellate</u>. E ha fatto... è nata una specie di straordinaria amicizia... Io l'ho portato a mangiare al... su al Forte Belvedere, dove allora c'era un ristorante, lui mi ha parlato della sua <u>in—</u>... giovinezza a Firenze e io ho avuto come una specie d'intuizione e gli ho detto: «<u>Le piacerebbe</u> fare una mostra qui?» E lui disse: «Sarebbe il sogno della mia vita.» Ho detto: «Bene, la farà.» Io dal '67 mi sono battuta fino al '72. La mostra di Henry Moore si è realizzata nel '72 ed è stato il... la più bella mostra che Firenze abbia fatta e per ora non ce n'è stata un'altra <u>altrettanto uguale</u>. Io... il catalogo è... è... è... è stato... è stato forse il mio successo e questo qui è la seconda ristampa del catalogo fatta dopo la mostra, in cui si vede già tutta la mostra di Henry Moore sul Forte Belvedere. E io allora ero un po' più bellina di ora, guardate, anche se avevo già i capelli bianchi, perché i capelli bianchi mi sono venuti con la guerra, con uno spavento di un bombardamento.

Note

Moore	Henry Moore (1898–1986), English sculptor. He is seen during this segment in a photo with the speaker (on the right) and his wife, Lucia, the daughter of James Joyce.
la mota	the mud; a reference to the flood that inundated Florence in November 1966.
puntellate	propped up

in—	The speaker starts to say *infanzia* and then decides to say *giovinezza* instead.
Le piacerebbe	The speaker reports a conversation between herself and Moore. What is interesting is that even in the reported conversation, she addresses him in the formal way, as opposed to saying, *«Ti piacerebbe...?»*
altrettanto uguale	to equal it

Domande

1. Com'è nata l'amicizia tra la signora e Moore? _____

_____

2. Dove hanno mangiato insieme? _____

_____

3. In quale anno si è fatta la mostra di Moore a Firenze? _____

_____

4. Perché la signora ha i capelli bianchi? _____

_____

5. Descrivi i tuoi amici—sono uomini o donne, americani o stranieri, ecc.

_____

6. Hai un'amicizia speciale? Descrivi quest'amicizia. _____

_____

Capitolo 8 Il ruolo della donna

Segment 1 • Near past (*passato prossimo*), use of
c'è and *ci sono*
Time Code: 0:28:12

*This woman is the sign-language interpreter you met in Chapter 3. She is talking
here about the changing role of women in Italy. The segment opens with a shot of
an open market in Rome, in Piazza Vittorio.*

È cambiato molto perché le donne sicuramente sono diventate nella storia
italiana, nella storia politica, sociale, economica... sono diventate molto
importanti. Noi abbiamo avuto... l'ultimo presidente della Camera dei De-
putati è stata una donna; l'ultimo presidente della RAI, la Radio Televisione
Italiana, che è l'azienda di Stato della televisione, è stata una donna e queste
sono cariche molto importanti. Sono cose molto importanti nella vita delle
donne italiane, sono dei punti fermi, sono dei riferimenti molto importanti.
Parallelamente, però, la donna italiana non ha comunque cambiato il suo
ruolo di madre di famiglia e quindi gestire, appunto equilibrare le due cose
non è molto fa... È molto faticoso, secondo me. Poi, chiaramente, ci sono
delle donne che si dedicano molto a... al lavoro, quindi alla vita politica
oppure... ci sono molte più donne manager, donne che si occupano di indus-
tria, c'è un grosso incentivo adesso nei confronti delle donne che vogliono

aprire delle attività, per cui, ci sono... aumentano ogni giorno, però è sicuramente molto faticoso portare avanti queste... tutte queste attività perché la donna è comunque sempre, cioè, rimane comunque sempre il punto di riferimento della casa. Quindi, la gestione della casa, anche se poi ha degli aiuti, la gestione della casa è sempre in mano alla donna. E quindi questo è sicuramente faticoso.

Note

l'ultimo presidente della Camera dei Deputati	The speaker of the House of Representatives; even though the person referred to is female, the masculine *presidente* is used. The word *presidentessa* is used to refer to the female presidents of such groups as the Red Cross and the American Society for the Prevention of Cruelty to Animals.
appunto	precisely; this is a reference to the interviewer's question about women balancing professional and personal lives.
fa...	The speaker started to say *facile*.
secondo me	in my opinion
manager	Note the borrowing of an English word.

Domande

1. Com'è cambiata la vita della donna in Italia, secondo la signora?_____

_____

2. Perché la vita della donna può essere faticosa? _____

_____

3. Com'è cambiata la vita della donna negli Stati Uniti? _____

_____

4. Vedi differenze tra la vita di tua madre e la vita tua, o, se sei maschio, di tua sorella/di tua moglie/della tua compagna?_____

_____

5. Come sarà differente la vita per tua figlia?_____

_____

Segment 2 • Near past (*passato prossimo*), use of *quindi*, past conditional

This woman is an architect and a professor at the University of Rome (La Sapienza). Here she is talking about balancing her career with her family life. This segment shows scenes in a Roman park.

E poi, per varie ragioni, essendo madre, moglie, tra l'altro, oltre che architetto, il mio tempo ho deciso di dedicarlo anche a loro, person... il mio tempo... mio tempo. E quindi non avevo più molto tempo per fare e l'insegnamento e la professione e avere la famiglia, essere una madre così, dialettica... con i propri figli, eccetera, e quindi ho deciso che, tutto sommato—date anche le difficoltà della vita professionale in Italia, poi magari ne parliamo più avanti—ho deciso che, tutto sommato, la mia vita sarebbe stata felice insegnando e... e basta. Poi, recentemente soltanto, mi è capitato un'occasione che per me aveva un particolare interesse e allora ho deciso di rifare, di... un po' di sacrifici ma di ricominciare a lavorare. I miei figli ormai sono grandi, uno ha ventisette anni quasi, l'altro venticinque, dunque ormai sono cresciuti, non ci sono quasi mai in casa, quindi sono... sono praticamente sola, con un mio bellissimo cane, e allora ho più tempo per lavorare e quindi, per il momento ho scelto di usarlo per lavorare, quindi mi è capitato una buona occasione di lavoro e l'ho fatta e l'ho quasi conclusa...

Note

person...   The speaker started to say *personale.*
dialettica   dialectic; a philosophical term referring to the conflict of opposing forces.
più avanti   A reference to the fact that this is an interview and that the topic may be touched upon at a later point.

Domande

1. Perché questa signora ha deciso di insegnare solamente? _____

_____

2. Perché è ritornata recentemente alla sua professione? _____

_____

3. Quanti figli ha e quanti anni hanno? _____

_____

4. Descrivi la vita di una donna che conosci che lavora e ha figli. _____

_____

5. Tua madre lavorava o lavora? Com'è differente la vita di tua madre dalla vita delle donne più giovani? _____

_____

Segment 3 • Near past (*passato prossimo*), present and past reflexive, present subjunctive, use of *magari*   Time Code: 0:31:27

This woman, whom you met in Chapter 3, is discussing the differences between her life and that of her daughter. She was interviewed in her home.

È cambiato che... diciamo che io, <u>va bene</u>, mi sono organizzata così, dentro casa, quindi... però difficilmente ormai la donna lavora dentro casa come faccio io, ecco. Più che altro, tende ad andare a lavorare fuori, ecco... tende a lavorare fuori. La donna, sí, è cambiata tantissimo da quando ero giovane io, adesso. È più autonoma, si fa rispettare di più, insomma, ci sono tante cose, ecco.

Eh... eh, la vita mia e di mia figlia, c'è una bella differenza. Prima di tutto, lei ha avuto possibilità di potere studiare. E quindi questo è importante, no? Quello che <u>magari</u> non ho avuto io. E poi si sta a creare... creare una sua indipendenza... quella, diciamo, penso che sia migliore della mia, diciamo, anche sul lato di guadagno, no?

Note

va bene   A discourse marker that can be translated as "okay" or "all right"; in this case the speaker uses it to organize her thoughts.

magari   possibly, maybe; the speaker did not have the opportunities that her daughter has had, but the use of *magari* softens the expression of that thought.

Domande

1. Dove lavora la signora? _____

_____

2. Quali sono le differenze tra la vita della signora e la vita di sua figlia? _____

_____

3. Conosci qualcuno che lavora in casa? Descrivi il suo lavoro. _____

_____

Capitolo 9 Differenze culturali

Segment 1 • Present indicative, use of *c'è*   Time Code: 0:32:40

*This is the man you met in Chapter 5. He has lived in both Italy and the United
States and discusses here the cultural differences he has noticed. The segment opens
with shots of a McDonald's restaurant in Rome and of Mickey Mouse comic
books, known as Topolino in Italian.*

Gli Stati Uniti sono un paese affascinante. Sono davvero tanto grande rispetto
alle... alle distanze che... che noi siamo abituati a misurare qua in Italia. Devo
dire che le persone sono molto disponibili e ti vengono incontro, si dice, cioè,
cercano... comunque di capire il fatto che tu sia straniero... insomma, non ti
pongono delle barriere o del... dei limiti alla tua espressione. Ehm, devo dire
che culturalmente c'è una grande differenza tra gli europei e gli americani ma
in particolare tra gli italiani e gli americani. Eh, in Italia, c'è un approccio alla
vita molto... in alcune zone, molto sereno, molto tranquillo: un po' il lasciarsi
vivere, in cui la vita scorre e non c'è bisogno di corrigli dietro. Invece in
America, ho notato che c'è molta frenesia, molto business, molto lavoro,
molta... eh... così, molto guadagno—ecco, c'è un'attenzione forse sproposi-
tata a questi aspetti della vita. In fondo, la vita probabilmente va presa con
un po' più di... di filosofia, con un po' più di tranquilità e si riesce anche a

godersela meglio, credo. Il tempo in Italia è un tempo dilatato, un tempo in cui non c'è bisogno appunto di rincorrerlo. In America ho notato che, negli Stati Uniti, tutto è molto frazionato, tutto è molto, come dire, ansioso, ecco. È una patologia credo frequente, <u>lo stress</u> del lavoro, lo stress appunto della frenesia della vita.

Note

un paese, grande	Note the lack of agreement between the plural proper noun *gli Stati Uniti* and the singular noun and adjective that refer to them.
si dice	so to speak; signals that the verb phrase *ti vengono incontro* in this context does not mean literally "to walk up to" but "to be approachable" or "to be accommodating."
corrigli dietro	An imperative verb phrase meaning "pursue something breathlessly," used here as a noun.
business, stress	borrowed English words
spropositata	exaggerated, absurd

Domande

1. Quali differenze vede questo signore tra la vita in Italia e la vita negli Stati Uniti? _____

_____

2. C'è una differenza culturale riguardo considerazione del tempo?_____

_____

3. Quali differenze hai notato tra la cultura italiana e quella americana? ____

_____

4. Qual'è la cultura più diversa dalla tua che hai mai osservato e dove? Descrivi le tue impressioni. _____

_____

Segment 2 • Near past (*passato prossimo*), present indicative, present subjunctive
Time Code: 0:34:18

You met this married couple in Chapter 5. They have traveled in the United States and are describing their impressions. The fact that they have been married for a long time may explain the structure of the conversation: they share a great deal of information and are quite comfortable finishing each other's sentences and thoughts. As actors, they are also at ease in front of a camera. The segment includes shots of the Straw Market in Florence, a popular destination.

LUI: Negli Stati Uniti ci siamo stati talmente ⌈poco...

LEI: ⌊Pochissimo.

LUI: per cui non abbiamo l'esperienza per dire che cosa succede. Certo, da quello che leggiamo, da quello che vediamo, noi preferiamo la nostra Europa, detta in termini molto semplici.

LEI: La vecchia ⌈Europa...

LUI: ⌊La vecchia Europa perché può essere che da noi ci sia più... più... Non dico più... una cultura ⌈più generalizzata,

LEI: ⌊antica

LUI: e più antica. Siamo stati negli Stati Uniti l'anno scorso e c'eravamo già stati, e abbiamo avuto... siamo rimasti sbalorditi dalla grandezza dello stato e dalla grandezza anche delle istituzioni perché certi musei sono bellissimi, enormi, straordinari. Non so quanto tutto questo, però, sia generalizzato al paese o invece non sia centrato nelle grandi città. Io ho l'impressione che sia nelle grandi città.

LEI: E beh, sì!

LUI: Cioè, certi piccoli comuni... noi abbiamo avuto il piacere di girare gli Stati Uniti con una macchina facendo la provincia e non... non solo le grandi città. Nella provincia, l'aspetto culturale alla prima... <u>a prima vista</u>

LEI: Sí.

LUI: sembrava non ci fosse.

LEI: Mentre per esempio in Italia trovi dei paesini piccolissimi, medioevali, che ancora... con un centro storico, con... addirittura con delle università, con delle scuole, con un interesse... anche nel paese più piccolo, eh... Si sente probabilmente il fatto che siamo antichi, che siamo vecchi, che abbiamo cominciato tanto tempo fa. Invece l'americano è un popolo

48

giovane, quindi probabilmente ha meno questo <u>retaggio</u> però è molto affascinante, molto affascinante, molto interessante...

Note

a prima vista   at first glance
retaggio (m.)   heritage

Domande

1. Quali differenze notano queste persone tra l'America e l'Italia? _____

_____

2. Perché preferiscono l'Europa? _____

_____

3. Quale zona degli Stati Uniti preferisci e perché? _____

_____

4. Quali paesi hai visitato? Quale paese preferisci e perché? _____

_____

Capitolo 10 Il cinema e il teatro

Segment 1 • Present indicative, impersonal *si*,
present progressive, near past (*passato prossimo*),
reported speech, present reflexive   Time Code: 0:36:33

*In this segment, the actors are discussing their profession and how working in live
theater compares to working in movies. We see shots of the Quirino Theater and
adjoining movie theater in Rome.*

LUI: Beh, sono... sono due mestieri diversi, anche se hanno come fondo il... il
problema della recitazione, di fare i personaggi, no? E sono due mestieri
che ti danno emozioni diverse. Quella del teatro è un'emozione molto
importante eh... nel... nel momento in cui si fa, sera per sera, tenendo
conto di tutti i vari <u>accorgimenti</u> che un attore deve sapere. Si trova di
fronte a un pubblico caldo e allora reagisce in un certo modo. Si trova di
fronte a un pubblico più freddo, meno <u>propenso</u> a... a esporre i propri
sentimenti e allora l'attore deve insistere di più. Col cinema, sí, è vero,
mentre giri, tu sai che la puoi anche rifare quella cosa lì, quella scena lì; sai
però che hai anche un pubblico che è fatto dai tecnici, da quelli che ti
stanno fotografando. Però io credo che tu la soddisfazione più grossa non
l'hai lì; l'hai quando il film è uscito, quando la gente ti riconosce. Non so,

50

a me l'altra sera <u>è andata in onda</u> per televisione una cosa che avevo regis-
trato e io personalmente non ho sentiti questi commenti, però mia
moglie, che è andata nei vari negozi, ha sentito, <u>dice:</u> «Ah, ma ieri sera
abbiamo visto suo marito, <u>così colà</u>…» insomma. Quindi è una… è un…
mentre la sera quando sei in teatro, il pubblico ti applaude e tu lo senti,
quegli applausi tu li hai lì… li hai dopo, col cinema.

LEI: Io direi che col cinema ti senti più utilizzato, nel senso che la tua imma-
gine è quello che tu fai poi viene tagliato, montato, doppiato, adattato,
e quindi non sai mai quale sarà il prodotto finale. In teatro, quello che
fai arriva e quindi è un vero spettacolo dal vivo. E quindi, in questo
senso, è più… corrisponde più al mestiere dell'attore, quello arcaico,
insomma, quello antico.

Note

accorgimenti (sing. accorgimento, m.)	strategy, device
propenso	inclined to
è andata in onda	gone on the air, be broadcast
dice	"He says" or "she says" refers to the person speaking to the speaker's wife.
così colà	such and such, this and that

Domande

1. Per l'attore, qual'è la differenza tra il cinema e il teatro? _____

_____

2. E per l'attrice, qual'è la differenza? _____

_____

3. Cosa deve fare l'attore con un pubblico freddo? _____

_____

4. Secondo l'attore, la soddisfazione più grossa con un film quando si ha?

_____

5. Hai mai recitato in teatro o nel cinema? Descrivi le tue esperienze. _____

_____

6. Preferisci andare al cinema o al teatro? Perché? _____

_____

Segment 2 • Use of *piacere*, present indicative   Time Code: 0:38:48

These two young high school students are discussing their preferences in movies. The segment includes shots of a downtown movie theater in Rome and movie posters.

STUDENTESSA A SINISTRA: E poi, appunto, mi piace molto andare al cinema, ma italiano no, italiano solo alcune cose, perché poi ci sono degli... dei registi che... sono un po' scadenti in Italia, non c'è un... eh, americano... sí, alcuni <u>autori</u>... Però, per esempio, mi piace molto—mi <u>piaceva</u>, perchè è morto—mi piace molto <u>Kieslowski</u>... Ehm, poi, di cinema italiano mi piace molto <u>Moretti</u>... eh... <u>Carlo Verdone</u> anche è simpatico. Ma in genere i film commedia se... se sono... cioè, se sono fatti bene tipo una commedia alla Woody Allen, che è molto... anche molto intelligente, molto ironica, allora sí, mi piace. Però poi ci sono, invece, quei film che vorrebbero essere, appunto, comici però poi invece sono molto volgari. Ehm... oppure mi piacciono i film drammatici.

STUDENTESSA A DESTRA: Ma io non... diciamo che non ho ancora un grande senso critico sui film, però, cioè, anche a me molto... mi piace molto la commedia di Woody Allen, e anche i film drammatici. E poi mi piacciono anche molto i film thriller—no, quelli... quelli americani più che altro. Perché... anche perché molto spesso i film italiani... cioè... cercano di... di rifare, di ricreare delle situazioni dei film americani, però non... cioè, non sono molto spesso al loro livello, perché... cioè, provare a copiare qualcosa, secondo me, non è... soprattutto per i registi italiani che non sono molto bravi; mentre trovo che spesso, invece, quando fanno delle commedie, delle... delle... insomma, dei film così... che non pretendono di, di copiare nessun altro film, invece i film <u>americani</u>... italiani riescono a essere abbastanza soddisfacenti.

Note

autori (sing. autore, m.)	literally, "authors"; used in reference to film directors.
piaceva	She starts out using the present tense, *piace*, then switches to the imperfect, because the film director she is referring to is deceased. It is interesting that she is aware of the switch she makes and provides an explanation for it: *«perché è morto»*.
Kieslowski	Krzysztof Kieslowski (1941–96), Polish film director
Nanni Moretti, Carlo Verdone	contemporary Italian film directors
americani	The speaker misspeaks; she meant to say *italiani* but says *americani* and then corrects herself.

Domande

1. Che tipo di film preferisce la giovane che parla per prima? _____

_____

2. Perché non preferisce film italiani? _____

_____

3. Che tipo di film preferisce l'altra giovane? _____

_____

4. Che tipo di film preferisci? _____

_____

5. Quando guardi i film e dove—il weekend? A casa o al cinema? Solo/a o con amici?

_____

6. Sei socio di un video club? _____

_____

7. Descrivi l'ultimo film che hai visto: chi è il regista, chi sono gli attori, e di che tratta il film? _____

_____

Capitolo 11 Il sistema scolastico

Segment 1 • Near past (*passato prossimo*), present
indicative, present subjunctive, impersonal *si*,
fare + infinitive   Time Code: 0:40:42

*The two young women you met in Chapter 10 are here describing the Italian
school system as it was in 1996. The segment opens with a shot of a middle school;
you also see scenes from the University of Rome.*

STUDENTESSA A DESTRA: Uhm, cinque anni di... di elementari, di scuole
elementari e poi tre anni di scuole medie e dopo le
scuole medie ognuno può scegliere <u>l'indirizzo</u>
che... che vuole e noi infatti abbiamo scelto il liceo
classico, che sono altri cinque anni in cui si studiano, appunto, materie classiche. E noi facciamo
latino, greco... materie tipo storia, e poi, dopo il...
il liceo, penso che faremo l'università, perché il
liceo è <u>propedeutico</u> all'università, più che altro.

STUDENTESSA A SINISTRA: Per fare il liceo scientifico, comunque, poi, presup-
pone che si vada all'università, perché <u>non ti dà
niente</u>. Eh... oppure si può fare l'istituto tecnico

industriale, l'istituto lingui... il liceo linguistico, e poi ci sono altre... altri istituti, come l'istituto commerciale, che comunque sono più marginali rispetto ai licei. Eh, in genere, abbiamo diciotto ore settimanali di <u>lettere</u> che comprende storia, geografia, latino, greco, ehm... italiano. Eh, noi abbiamo... ci fa tutto la stessa professoressa; però, per esempio, ci sono altre sezioni che hanno una professoressa per greco e latino e un'altra professoressa per le altre materie. Ehm, noi andiamo a scuola sei giorni la settimana e sí, possiamo... usciamo... entriamo alle otto e usciamo all'una oppure quando facciamo quattro ore, usciamo a mezzogiorno. Il sabato... in genere, permettono... cioè, fanno uscire a mezzogiorno, perché il sabato è un giorno molto pesante, alla fine della settimana; però, per esempio, noi usciamo a mezzogiorno; però anche alla scuola nostra, ci sono delle sezioni che escono, nonostante sia il sabato... escono all'una.

Il pomeriggio, noi studiamo perché si deve studiare anche il pomeriggio, a parte—<u>va be'</u>, il sabato, il sabato e la domenica, studiamo di meno perché, naturalmente, abbiamo un giorno di riposo. Però, comunque, sí, è necessario; noi... poi abbiamo una sezione in cui studiamo abbastanza. Però, <u>bene o male</u>, al liceo in tutte le sezioni bisogna studiare anche il pomeriggio.

Note

l'indirizzo	In this context, the direction that one's education takes.
propedeutico	introductory to; as in high school leading to university.
non ti dà niente	literally, "gives you nothing"; here she means that high school (*liceo classico* or *scientifico*) does not result in a credential that is useful in securing employment.
lettere	The study of Italian literature, Latin, and Greek.
va be'	A common interjection, from *va bene*, meaning "well" or "okay."

bene o male   for better or worse, in any case

Domande

1. Cosa fanno gli studenti dopo le scuole medie? _____

_____

2. Quanti giorni e quante ore alla settimana studiano queste ragazze? _____

_____

3. A che ora entrano e a che ora escono? _____

_____

4. Cosa studiano? _____

_____

5. Descrivi il sistema scolastico americano: quanti anni di scuola elementare, di scuole medie, di liceo; quanti giorni alla settimana e quante ore al giorno, ecc.

_____

6. Descrivi la tua carriera scolastica, dalla scuola elementare fino ad oggi.

_____

Segment 2 • Present indicative, use of *ne*, passive,
past reflexive   Time Code: 0:42:44

*This professor of physics at the University of Florence is describing what is
required for a major in physics. You see the front of the law school at the University of Rome and a panorama of Florence.*

PROFESSORE: È vero che per la laurea in fisica—che è quella dentro la
quale io ho operato come <u>docente</u>—la maggior parte degli
studenti vengono dal liceo classico e dal liceo scientifico.
Ce n'è una parte che viene dagli istituti tecnici. La omo-
geneizazzione non è facile e forse i difetti principali che ci
sono in questo momento nel funzionamento dell'università <u>provengono</u> dalla mancata riforma della scuola secon-
daria, che è la cosa più grave nella situazione scolastica italiana: una riforma promessa <u>da non so quanto tempo</u> e mai
<u>attuata</u>.

Io... mi permetto di dire che probabilmente il corso di
laurea in fisica, proprio per la sua difficoltà, è... è anche
quello meglio gestito. Gli studenti sono selezionati auto-
maticamente perché, se non sono bravi, non ce la fanno. E
perciò, il livello si può considerare buono, si può dire, sí,
nella <u>stragrande</u> maggioranza delle università italiane. Lo
studente è seguito moltissimo, singolarmente, eh, il
numero dei docenti è grande, perché l'università fa anche
ricerca e allora negli ultimi venti, venticinque anni è stato
fatto un grosso sforzo per tenere alto il numero dei docenti
e dei ricercatori nell'<u>ambito</u> universitario. Perciò, gli studenti, da questo punto di vista, trovano nella fisica un
ambiente favorevole. Non è così in altre facoltà.

Diciotto esami, che sono distribuiti dai quattro ai cinque per anno, quattro anni di corso, che sono troppo pochi, perché i programmi sono pesanti. Si sono <u>appesantiti</u> perché la fisica è cresciuta moltissimo. Perciò il numero di esami è basso ma la materia da affrontare è grande. Sono pochi gli studenti che riescono a ottenere la loro laurea italiana, no? Che è qualche cosa di più del Master's e certamente meno del Ph.D.

INTERVISTATRICE: Sí.

PROFESSORE: E in generale, ci vogliono un cinque, sei anni, <u>sicché</u> la laurea viene svolta essenzialmente dopo che sono stati dati i primi quattro anni di esami, insomma.

Note

docente (m.)	teacher, professor, docent
provengono	from the verb *provenire*, to come from
da non so quanto tempo	since I don't know when; indicates exasperation in this situation.
attuata	from the verb *attuare*, to accomplish, actualize
stragrande	The prefix *stra-*, attached to some adjectives, means "extra" or "unusually."
ambito (m.)	context, i.e., within the context of a university
appesantiti	Past participle of the verb *appesantire* (from the adjective *pesante*), meaning "to make or become heavy" or, in this case, "to become tougher."
sicché	such that, so; Tuscan usage

Domande

1. Presso facoltà è docente questo signore? _____

_____

2. Da dove provengono gli studenti? _____

_____

3. Qual'è il difetto principale del sistema scolastico, secondo questo signore?

_____

4. Perché il numero di docenti in fisica è grande? _____

_____

5. Quanti esami per anno sostengono gli studenti in fisica?_____

_____

6. Quanti anni ci vogliono per conseguire la laurea in fisica?_____

_____

7. Descrivi la facoltà universitaria che tu hai frequentato: quanti studenti, quanti docenti, quanti anni per conseguire una laurea, ecc. _____

_____

8. Descrivi il sistema universitario americano. Quali differenze vedi tra il sistema americano e quello italiano o europeo? _____

_____

Capitolo 12 La cucina

Segment 1 • Present progressive, passive, impersonal *si*, present indicative
Time Code: 0:45:28

This is the chef that you met in Chapter 3. Here he is explaining the preparation of certain Italian dishes.

CUOCO: <u>Un etto</u> e venti grammi di vitella, <u>presc...</u> una fettina di <u>presciutto</u>, come <u>sta vedendo</u>, una... pezzettino di groviera, <u>vengono arrotolati</u>, arrotolato, poi messo in farina, messo su una padella con l'olio bollente. Quando si ha... si ha <u>rosolato</u>, si mette il vino bianco, vino bianco, che viene poi la salsetta dello spiedino di vitella. Poi <u>viene crostato</u> il pane e si... si riforma nello stesso modo di piatto, come lo vede composto su questo piatto. E di contorno, i funghi.

INTERVISTATRICE: Ah, il contorno ⎡i funghi

CUOCO: ⎣Funghi. O funghi o riso, quello che preferisce.

INTERVISTATRICE: Come... come vino, usa un vino bianco?

CUOCO:	Vino bianco, vino bianco. Quando sono rosolati bene, si rovescia un po' di vino bianco, vede, più o meno mezzo bicchiere di vino, non è quello... si regola a secondo quanto Le pare... Ma una cosa rapida che si fa subito...
INTERVISTATRICE:	E questo...
CUOCO:	non viene cucinato delle ore, viene subito, fatto, è un piatto espresso.
INTERVISTATRICE:	Espresso, un piatto espresso.
CUOCO:	Sí.
INTERVISTATRICE:	Poi?
CUOCO:	Poi, qui c'è caponata.
INTERVISTATRICE:	Il?
CUOCO:	Caponata. È composta di melanzane, cipolla, olive, <u>capperi</u>, <u>sedano</u>, e <u>me sa</u>... e basilico. <u>Peperoni</u>. Non so se ho detto tutto. Questa è caponata. Questo viene mangiato un piatto unico così. Oppure al contorno di qualche cosa, <u>non è che...</u>
INTERVISTATRICE:	Come condimento?
CUOCO:	No... condimento, ci va sale, olio, e basta.
INTERVISTATRICE:	E basta.
CUOCO:	E basta. È semplicissimo. Soltanto che... c'è solo <u>parecchio</u> verdure e verdure de tutti i tipi—le melanzane, olive...
INTERVISTATRICE:	Si mangia crudo?
CUOCO:	No, no, rosolato, cotto, cotto.
INTERVISTATRICE:	Ah, rosolato.
CUOCO:	Cotto, cotto.
INTERVISTATRICE:	Ho capito.
CUOCO:	Tutto cotto. Poi qui c'è insalata di riso: tonno, funghi, eh... carciofini, <u>wurstel</u>, peperoni, piselli, e viene tutto fatto con quest'insalata di riso.

Note

un etto	hectogram, 100 grams
presciutto	variant of *prosciutto*, cured ham
sta vedendo	"as you are seeing"; note the use of the formal third person to address the interviewer.

vengono arrotolati	"they get rolled up"; the verb *venire* is frequently used as the auxiliary in passive constructions.
rosolato	browned, as in cooking
viene crostato	Again *venire* is used as an auxiliary; *crostato* means "toasted."
capperi (sing. cappero, m.)	capers
sedano (m.)	celery
me sa	*Me* is a common Roman pronunciation of the pronoun *mi*; *me sa* is a common expression meaning "it seems to me"; *sa* is third person present of the verb *sapere*.
peperoni (sing. peperone, m.)	sweet peppers
non è che...	"it's not that . . . "; the cook seems to be getting ready to say that this dish can be a side dish, that is, it's not that it has to be eaten by itself.
parecchio	a lot
wurstel (m.)	frankfurter or cocktail sausage; a borrowed German word

Domande

1. Che tipo di carne e che tipo di formaggio viene usato per il primo piatto che il cuoco descrive? _____

_____

2. Il cuoco usa vino bianco o vino rosso per questo piatto? _____

_____

3. Di che cos'è composta la caponata? _____

_____

4. La caponata, si mangia cruda? _____

_____

5. Di che cos'è composta l'insalata di riso? _____

_____

6. A casa tua, chi cucina? _____

_____

7. A che ora e dove mangi il pranzo? E la cena? _____

_____

8. Chi fa la spesa per il cibo e quando? _____

_____

9. Leggi o guardi la TV mentre mangi? _____

_____

10. Mangi spesso in un ristorante o in un fastfood? _____

_____

11. Scrivi la ricetta del tuo piatto preferito. _____

_____

Segment 2 • Impersonal *si*   Time Code: 0:47:44

This is the woman you met in Chapter 4. Here she is giving the recipe for the apricot tart you see on the table.

Allora, crostata alla marmellata di albicocche. Trecento grammi di farina, centocinquanta di burro, due uova—un <u>torlo</u> e un uovo intero, le due uova sono composte da un torlo e uno intero. Centocinquanta di zucchero e poi buccia di limone grattuggiata, una bustiglia... una bustiglia di <u>vanillina</u>. S'impasta tutto, si lascia mh... per me... per mezz'ora in frigo a raffreddare. Poi, <u>la si riprende</u>, si schiaccia, si fa la crostata, <u>vero?</u> Si mette la marmellata sopra, si guarnisce con queste... con queste striscioline su... si mette al forno per quaranta minuti a duecento gradi.

Note

torlo (m.)	a common Roman pronunciation of the word *tuorlo*, egg yolk
vanillina (vaniglina) (f.)	vanillin, a vanilla substitute
la si riprende	See Chapter 1, Segment 2, for an explanation of this construction.
vero?	true? a word that shows that this is a conversation, that the speaker has a listener, and that the information that the speaker is providing might already be known to the listener.

Domande

1. Come si chiama questo dolce? _____

_____

2. Quante uova ci vogliono per preparare il dolce?_____

_____

3. Per quanto tempo rimane la pasta nel frigo? _____

_____

4. Per quanto tempo rimane in forno la crostata?_____

_____

5. A casa tua, chi prepara i dolci? _____

_____

6. Mangi spesso i dolci? Che tipo di dolce preferisci? _____

_____

7. Scrivi la ricetta del tuo dolce preferito._____

_____

Capitolo 13 Il futuro

Segment 1 • Present indicative, present conditional,
use of *piacere*   Time Code: 0:48:58

> *In this segment, the young women you met in Chapter 10 are discussing their*
> *plans for the future. We see the Rome skyline and a movie theater, as well as the*
> *facade of the Duomo in Florence.*

STUDENTESSA A SINISTRA: Io, io vorrei diventare un'attrice—o se no, se non un'attrice, regista o anche critico cinematografico, magari in un giornale, questo mi piacerebbe tantissimo. O... oppure, insomma, molto secondariamente, perché questo è proprio il... il mio ideale, fare anche la professoressa di lettere al liceo.

INTERVISTATRICE: Al liceo.

STUDENTESSA A DESTRA: E io, diciamo che non ho le idee molto chiare, però a me piace moltissimo disegnare e quindi mi piacerebbe molto lavorare, cioè, facendo un lavoro che... che appunto mi piace, eh... però non so se riuscirò a farlo. (Mi) piace moltissimo le... cioè la sensazione che si prova entrando nelle chiese gotiche e poi tutte le... la luce che viene filtrata dalle finestre piccole, mi piace moltissimo.

66

Note

(mi) piace   The speaker here undoubtedly intended to say *mi piace*, but the
mi is barely audible.

Domande

1. Cosa vuole diventare la prima giovane? _____

_____

2. Secondariamente, cosa vorrebbe fare?   _____

_____

3. La seconda giovane sa che cosa vuole fare? _____

_____

4. Tu, da bambino/a, cosa volevi fare da grande?_____

_____

Segment 2 • Present indicative, near past (*passato prossimo*),
direct and indirect object pronouns, use of *sia*, present
progressive reflexive, present subjunctive   Time Code: 0:49:47

This man is the father of the policeman and the nurse that you first met in Chap-
ter 2. He has worked as a truck driver and as a chauffeur. Here he discusses his
children's future during an interview in his home.

Io ho due figli, Marco e Valeria. Marco ha ventiquattro anni e Valeria ha ven-
titré anni. <u>Ehm beh</u>, la vita mia è stata una vita… io a… a tredici, quattordici
anni ho cominciato a lavorare—ho fatto tutti i lavori possibili immaginabili,
perché <u>(l)</u>a vita era più sofferta, <u>se</u> veniva da un dopoguerra, c'era la rico-
struzione e diciamo che allora uno s'adattava a fare tutto. <u>Studio</u> poco e <u>lavoro</u>
tanto. E allora, dopo queste esperienze della vita nostra, abbiamo cercato de…
ai nostri figli, di <u>inculcargli</u> un <u>discorso</u> diverso. Cercare, prima di tutto, di
farli studiare più possibile, sempre nelle nostre possibilità. Fargli fare dello
sport, perché quella è una cosa fondamentale, quello che non abbiamo
potuto fare noi, abbiamo cercato di dare a loro. E oggi devo <u>di'</u> che <u>so'</u> stato
fortunato, perché sia Marco e sia Valeria hanno ottenuto quello che deside-
ravo io e mia moglie e nello stesso tempo… occupa… Marco occupa un posto
in polizia, (l)a polizia di Stato, e Valeria si sta diplomando come infermiera
professionale, e dico, io mi auguro che il domani loro sia migliore di quello
che… che… che… che… che abbiamo avuto noi, ecco, questo.

Note

ehm beh   A common Roman discourse marker used to begin a sen-
                 tence; translates as "well . . ." *Ehm* and *beh* are not words as
                 such, but they are certainly recognizable utterances in every-
                 day speech, showing hesitation or reflection on the part of
                 the speaker.

(l)a	The *l* in the definite article *la* is commonly omitted in casual Roman speech.
se	See Chapter 2.
studio, lavoro	study, work; these words are being used as nouns here, not as verbs.
inculcargli	to instill in them
discorso	Used here to mean a different direction or approach.
di', so'	Shortened forms of the verbs *dire* (to say) and *sono* (from *essere*, to be), common in Roman speech.

Domande

1. Quanti figli ha questo signore e quanti anni hanno? _____

_____

2. A che età he cominiciato a lavorare? _____

_____

3. Cosa ha voluto per i figli e perché? _____

_____

4. Come vedi il tuo futuro? _____

_____

Segment 3 • Present conditional, present future, present indicative, near past (*passato prossimo*)   Time Code: 0:51:04

The nurse you met in Chapter 2 is discussing her future and the balance between family and work. The segment shows the entrance to a large hospital in Rome.

Quindi... a me mi piace tanto il... il contatto con il malato, però non vorrei svolgere una vita intera di lavoro proprio nel reparto, perché è un lavoro molto pesante, molto stressante e... logicamente, cercherò di migliorare la... la mia carriera, cercando di... di specializzarmi, quindi scegliere un ramo in modo particolare e trovare, diciamo, un... un tipo di lavoro un po' più tranquillo. Perché è bello, eh, cioè a me piace, torno a ripetere che a me piace, però è un lavoro che stanca molto, stanca molto e non... non penso che per una vita intera si possa svolgere una cosa del genere.

L'equilibrio è che... ecco, un'altra cosa è che l'infermiera, cioè, ha i turni, cioè tu... almeno che ecco, non prendi la specializzazione che vai a lavorare sempre dentro un ambulatorio, dentro qualche USL, allora probabile pure che tu c'hai soltanto turni tipo solo mattine, solo pomeriggi e non ti fai le notti. Quindi in un mio indomani, anche per una donna sposata, che avrà dei figli, che c'ha una famiglia, questo è molto importante e vantaggioso, perchéeh logicamente adesso, sí, sono... sono giovane, sto a casa con mamma e papà, e sarà diverso, cioè, quando io farò le notti, che farò i turni, torno a casa, bene o male, non è che... Io adesso non so com'è la vita da matrimoniale, ancora non mi rendo conto perché non l'ho mai affrontata, però immagino che sarà poi tutto un'altro tipo di vita, cioè una vita che te richiede altri impegni, ci saranno altre difficoltà. Cioè, non è che io torno a casa e c'ho la spensierezza che c'ho adesso a 23 anni che sono giovane e non c'ho una famiglia alle spalle. So che ci saranno tanti altri problemi…

Note

l'equilibrio (m.)	balance; the interviewer had asked about the balance between work and family.
USL	Unità Sanitaria Locale, community health center run by the government.
un indomani (m.)	tomorrow, the future
la spensierezza	carefreeness; alternate form, *spensieratezza*.

Domande

1. Cosa cercherà di fare la signorina? _____

_____

2. Perché il lavoro di reparto stanca? _____

_____

3. Perché il lavoro di turno è importante per una donna sposata con una famiglia? _____

_____

4. Com'è la vita della signorina adesso che vive ancora con i genitori? _____

_____

5. Descrivi come vedi il tuo futuro. _____

Capitolo 14 La carriera

Segment 1 • *Fare* for professions, present subjunctive,
present indicative   Time Code: 0:52:55

*The sign-language interpreter you met in Chapter 3 is here describing her work.
In the first part of the segment, we see her interpreting for the deaf man.*

Io faccio l'interprete, l'interprete di lingua dei segni e lavoro con... con persone sorde e con persone udenti che hanno bisogno di comunicare con le persone sorde, quindi lavoro in diversi <u>ambiti</u>, in diversi campi professionali. È possibile che io accompagni una persona sorda dal dottore, a fare una visita, oppure è possibile che un avvocato mi chiami perché ha bisogno di parlare con una persona sorda, o può succedere che, per questioni legali, magari ci sia un giudice che mi chiami in tribunale. Lavoro in televisione, traduco un <u>TG</u>, un telegiornale della mattina in lingua dei segni, per le persone sorde. È un telegiornale normale, come tutti gli altri telegiornali, molto breve, e viene tradotto interamente per le persone sorde, in lingua dei segni.

Note

ambiti   professional arenas
TG   abbreviation of *telegiornale,* the television news

Domande

1. Che lavoro fa questa signora? _____

_____

2. Con chi lavora? _____

_____

3. Che cos'è il telegiornale? _____

_____

4. Incontri persone che parlano altre lingue, nel tuo lavoro? Quali lingue parlano queste persone? _____

_____

Segment 2 • First past perfect (*trapassato prossimo*),
near past (*passato prossimo*), present indicative,
present progressive   Time Code: 0:54:00

*The physician from Chapter 1 here discusses his career. In both this segment and
the next, you see the entrance to the hospital.*

Dopo aver conseguito il titolo di specialista in neurologia, ho acquisito un
dottorato di ricerca, sempre relativo a studi di neurofarmacologia clinica, che
ho seguito presso l'Università degli Studi di Roma, <u>La Sapienza</u>. E, successivamente, sono parte integrante del personale universitario del Dipartimento
di Scienze Neurologiche presso la stessa università, dove lavoro quotidianamente, occupandomi del... dei pazienti <u>ricoverati</u>, di attività <u>ambulatoriali</u>,
di progetti di ricerca, e di didattica, quindi lavorando con studenti sia nel
corso di laurea sia per studenti che vogliano seguire un indirizzo specialis-
tico nell'ambito delle neuroscienze.

Note

La Sapienza	university in Rome
ricoverati (sing. ricoverato, m.)	patients who have been admitted
ambulatoriali	outpatient

Domande

1. Che cosa ha studiato questo signore durante il dottorato? _____

_____

2. Dove ha conseguito il dottorato? _____

_____

3 . Cosa fa quotidianamente? _____

_____

4 . Dove ti sei laureato e presso quale facoltà? _____

_____

5 . Cosa fai quotidianamente? _____

_____

Segment 3 • Present indicative, impersonal *si*, passive   Time Code: 0:55:08

In this segment, the nurse describes the day-to-day activities of the internship portion of her training.

Ehm, praticamente, va be', il <u>tirocinio</u> consiste, diciamo... noi svolgiamo, essendo delle allieve infermiere, <u>comunque sia</u>, svolgiamo lo stesso identico tipo di lavoro dell'infermiera professionale. Cioè, la mattina arriviamo, si fa... essendo un ambiente religioso, gestito dalle <u>suore</u>, si fa il... il giro della comunione, cioè consiste nel passare nelle stanze dei malati, chiedere chi vuole fare la comunione e... poi dopo passa il prete... c'è la preghiera... che quindi dà... diciamo dà la comunione alla persona che la vuole fare. Finito questo... finito le preghiere e tutto quanto, s'inizia, quindi, praticamente, il compito, cioè tutti i diversi tipi di compiti che vengono svolti durante la mattinata, quindi dalla terapia, e... il prelievo del sangue, e poi dopo s'inizia con l'igiene delle pazienti, viene fatta l'igiene completa a tutte le pazienti e poi dopo, verso... finita l'igiene, arrivano i medici che iniziano quindi a fare appunto la visita medica. E questo, va be', fino all'incirca le dieci e mezza, così, perché le stanze—per esempio, adesso io sono nel reparto medicina donne le stanze sono tante, le pazienti sono tante, e quindi i medici fino alle dieci e mezza, undici, c'è la visita. Poi, va be', noi, quando i medici vanno via, diciamo, guardiamo un attimo, c'abbiamo un' agenda dove scriviamo tutto quello che ha dato il medico, la terapia nuova, tutto quello che si deve fare nei giorni, diciamo, che verranno e quindi <u>si spunta</u>, diciamo, la visita. Fatto questo, si ripassa la terapia di mezzogiorno, poi i malati mangiano verso le undici e mezza, quindi viene passata la <u>cosidetta</u> <u>dispensa</u> alle pazienti e finito questo, noi a mezzogiorno andiamo via, poi. Ma io... cioè, il... la professione che ho scelto, mi rendo conto che è una professione difficile. Cioè, ti deve piacere, <u>parliamoci chiari</u>, è una professione che ti deve piacere <u>per forza</u> altrimenti non la fai perché, insomma, oltre ad avere la pazienza nei confronti della persona che ha... è molto esigente, molto, dico, molto esigente, è anche una professione che non... non tutti riescono a svolgere perché, l'ospedale, <u>si sa</u>, cioè... si vedono diversi tipi di cose che non sono belli da vedere e che... non tutti riescono a resistere a questa cosa.

Note

tirocinio (m.)	internship
comunque sia	be that as it may
suore (sing. suora, f.)	the nuns; many private hospitals in Italy are run by nuns.
si spunta	checked off, from the verb *spuntare*
cosidetta	so-called
dispensa (f.)	meal service for patients
parliamoci chiari	"let's be clear about this," i.e., let there be no mistake
per forza	necessarily
si sa	one knows, it is known; a common interjection in conversation.

Domande

1. In che cosa consiste il tirocinio? _____

_____

2. Da chi è gestito l'ospedale? _____

_____

3. Cosa succede dopo il giro della comunione? _____

_____

4. Cosa succede dopo la visita medica? _____

_____

5. A che ora vanno via le allieve infermiere? _____

_____

6. Perché la professione dell'infermiera è difficile? _____

_____

7. Descrivi la tua giornata, ora per ora. _____

_____

8. Il tuo lavoro è difficile? Perché? _____

_____

9. Qual'è una professione che ti sembra difficile e perché? E una che ti sembra facile e perché? _____

_____

Capitolo 15 La poesia

Segment 1 • Present indicative   Time Code: 0:57:44

In Chapter 6, the mechanic mentioned that he reads dialect poetry. Here he recites a poem by the Roman dialect poet Trilussa, entitled «La Bolla di Sapone» (The Soap Bubble). The setting is his shop.

La poesia di <u>Trilussa</u>, «La Bolla di Sapone», sarebbe la bolla di sapone. Allora, io, non è che sono un attore però la recito come se lo recita io. Allora, «La Bolla di Sapone»:

> Lo sai ched'è la Bolla de Sapone?
> L'astuccio trasparente d'un sospiro.
> Uscita da la canna vola in giro,
> sballottolata senza direzzione,
> pe' fasse cunnolà come se sia
> dall'aria stessa che la porta via.
>
> Una Farfalla bianca, un certo giorno,
> ner vedè quela palla cristallina
> che rispecchiava come una vetrina
> de tutta la robba che ciaveva intorno,

79

j'agnede incontro e la chiamò: — Sorella,
fammete rimirà! Quanto sei bella!

Er celo, er mare, l'arberi, li fiori
pare che t'accompagnino ner volo:
e mentre te rubbi, in un momento solo,
tutte le luci e li colori,
te godi er monno e te ne vai tranquilla
ner sole che sbrilluccica e sfavilla.
La Bolla de Sapone je rispose:
— So' bella, sí, ma duro troppo poco.
La vita mia, che nasce per un gioco
come la maggior parte de le cose,
è chiusa in una goccia... Tutto quanto
finisce in una lagrima de pianto.

...è bellissima questa.

(Prose translation: Do you know what a soap bubble is? The transparent
sheath of a sigh, come out of the reed, buffeted around without direction to
be cradled as if she were part of the air that carries her away. One day, a white
butterfly, upon seeing this crystal ball that reflected everything around it like
a window, approached her and called out to her, "Sister, let yourself be
looked at. How beautiful you are! The sky, the sea, the trees, the flowers seem
to accompany you in your flight and while in an instant you steal the lights
and the colors, you enjoy the world and go calmly in the sun that shines and
sparks." The soap bubble responded to him, "I am beautiful, yes, but I last
too briefly. My life, which begins as a game, like most things, is closed within
a drop. Everything ends in a wept tear.")

Note

Trilussa   Anagram of the last name of the poet Carlo Alberto Salustri
              (1873–1950), who wrote in Romanesco, the dialect of Rome.

Many of the words in the poem reflect the structure of the Roman dialect:

ched'è   from *che è*; an intrusive *d* often appears between these two words.
ciaveva   vernacular for *c'aveva* (*aveva*), imperfect of *avere*

cunnolà	Roman version of the standard verb *cullare*, to rock, lull, sway.
er, l', li	*il, gli, l'*
j'agnede	*Passato remoto* of the Roman verb *annà*, to approach, preceded by the indirect object pronoun *j* (*gli*); in standard Italian the infinitive is *andare*.
je	*gli*
monno	*mondo*
ner	*nel*
pe' fasse	*per farsi*
rimirà, vedè	from the Roman verbs *rimirare* and *vedere*, to look at. The final syllable of infinitives is often deleted in this dialect.
robba, rubbi	Consonants are often doubled in this dialect.
sbrilluccicà	Roman version of the standard verb *risplendere*, to shine.
sfavillà	Roman version of the standard verb *sfavillare*, to sparkle, shine, scintillate.

Domande

1. Chi era Trilussa e in quale dialetto scriveva? _____

_____

2. Di che cosa tratta la poesia? _____

_____

3. Qual'è il messaggio della poesia? _____

_____

4. Quali differenze noti tra la lingua della poesia e l'italiano che stai imperando? _____

_____

5. Tu che tipo di poesia preferisci? Chi sono i tuoi poeti preferiti e perché?

_____

6. Tu scrivi poesie? Qual'è il tema delle poesie che scrivi? _____

_____

Capitolo 16 La politica

Segment 1 • Present subjunctive,
present indicative

Time Code: 0:59:12

This is the journalist you met in Chapter 6, discussing the political changes that took place in Italy in May 1996, following the national elections that brought the left wing to power, after fifty years as the opposition. This segment includes shots of the Quirinale (the presidential palace), Piazza Venezia, and the House of Representatives in Rome.

Beh, penso che sia molto interessante e molto promettente. Come ho detto, io ho lavorato per tanti anni al *L'Unità*, sono... il mio giornalismo politico è, ovviamente, un giornalismo di sinistra e abbiamo per la prima volta la sinistra al governo o comunque nella maggioranza perché una parte della sinistra è nel governo, e una parte è nella maggioranza, che sostiene il governo; comunque diciamo in senso... <u>in senso lato, complessivo</u> abbiamo, per la prima volta dopo mezzo secolo, la sinistra al governo... io penso che sia una prospettiva molto positiva e... ed anche molto interessante: un segno di novità.

Note

L'Unità	official newspaper of the former Italian Communist Party
in senso lato, complessivo	in a general way

Domande

1. Come descrive il suo giornalismo politico l'intervistato? _____

_____

2. Com'è cambiata la situazione politica in Italia, secondo lui? _____

_____

3. Come vede questi cambiamenti? _____

_____

Segment 2 • Near past (*passato prossimo*), imperfect,
present indicative, conditional present,
present subjunctive   Time Code: 0:59:57

This is the man you met in Chapter 13, also discussing the results of the
May 1996 election. We see a panorama of Rome in this segment.

La situazione politica oggi in Italia è cambiata... è cambiata perché per
cinquant'anni siamo stati dominati da... da un potere <u>democristiano</u>,
no democratico, democristiano. Oggi, i partiti hanno cercato de fa'...
formare delle coalizioni e se sono formati di centri, centro destra e
centro sinistra. Però oggi al governo, dopo delle votazioni, erano due
poli, centro destra e centro sinistra. E oggi, con <u>l'ultime votazioni</u> che
ci <u>so'</u> stati, è andato... sono andati al governo un centro sinistra che
per cinquant'anni è stato all'opposizione. Però, eh, giustamente, con
l'evolversi della mentalità della gente, non ha avuto più paura dei
famosi comunisti in Italia, ma bensí pure il partito comunista ha
avuto de... delle evoluzioni e s'è tramutato in PDS, Partito Democratico della Sinistra, e ha avuto, diciamo, degli ottimi <u>agganci</u> con i...
con i partiti di centro, che potrebbero <u>esse'</u> Democrazia Cristiana e
Repubblicani, qualche Repubblicano, e hanno formato questo polo,
dove ultimamente nelle elezioni hanno vinto. Adesso stiamo con...
con la speranza che quello—non dico che abbiamo sofferto—però,
<u>sa</u>, la Democrazia Cristiana era un partito un po'—non dico totali-
tario però un partito che pensava più al sistema padronale. Oggi,
invece, con l'apertura de... delle forze di sinistra dentro questo polo,
diciamo che c'è la mentalità un pochettino più aperta pure per... per
il popolo, per la gente che lavora. Saremmo a vedere quello che rius-
ciranno a fare. Perché mica è detto che poi, tutto sommato, possono
andare bene le cose; però, diciamo è un tentativo come un'altro. Ci rive-
dremo tra cinque anni, insomma, come... come... come vadano le cose.

Note

democristiano	The Christian Democrats, the party that held power from soon after World War II until 1996; note that the speaker makes a distinction between *democristiano* and *democratico*, implying that the Christian Democrats were not really democratic.
l'ultime votazioni (sing. votazione, f.)	The feminine plural definite article *le* is often incorrectly elided in front of a vowel.
so'	A common Roman pronunciation of the verb *sono*.
agganci (sing. aggancio, m.)	contacts
esse'	A common Roman pronunciation of the infinitive of the verb *essere*.
sa	Third person singular of *sapere*, used in conversation to mean "you know..."

Domande

1. Secondo questo signore, com'è cambiata la situazione politica in Italia?

_____

2. Come vede questi cambiamenti? _____

_____

3. Cosa pensa del futuro? _____

_____

Capitolo 17 Il calcio

Segment 1 • Passive, present indicative, use of *c'è* and *ci sono*,
near past (*passato prossimo*)   Time Code: 1:02:16

*This is the policeman from Chapter 2, explaining the game of soccer. The segment
shows people playing soccer in a park in Rome.*

Il calcio, <u>in poche parole</u>, posso dire che il calcio, allora, viene giocato da
undici giocatori, quindi sono due squadre, undici e undici, fanno ventidue.
Poi ci sono... poi c'è <u>la panchina</u> dove oltre al, all'allenatore, c'è appunto il
massaggiatore, il medico e quindi e altri componenti della panchina che sono
cinque. Ehm... allora, nel calcio quindi ci sono anche delle regole nel giocare.
Innanzi tutto, c'è un <u>arbitro</u> che dirige la partita, il disegnatore arbitrale, cioè
quest'arbitro che insomma controlla la partita <u>com'è</u>. Poi ci sono i due
guardalinee che controllano gli <u>off-side</u>, cioè i fuorigiochi e... e magari
qualche intervento duro che avviene in campo e quindi nel caso l'arbitro <u>non
l'ha visto</u>, e lo comunica, il guardalinee comunica all'arbitro questa... quello
che è avvenuto. Poi, ehm, <u>niente</u>, la partita dura in tutto novanta minuti e c'è
un tempo, quindi la pausa che du... eh... che dura un quarto d'ora, quindi si
gioca quarantacinque e quarantacinque, fanno novanta, più un quarto d'ora

di riposo. Ehm... è molto bello perché c'è molto <u>agonismo</u> in campo... eh... ci sono dei schemi anche nel calcio, delle tattiche, quindi ehm... vedi bene il gioco che fa <u>il difensore, l'attaccante, il centrocampista, il portiere</u> ehm... Diciamo che in Italia abbiamo avuto <u>grossi</u> allenatori che hanno insegnato anche molto—molto insomma al gioco del calcio, la tecnica, quindi le tattiche, il gioco <u>com'è</u>. Quindi siamo molto preparati a quanto riguarda questo, questo tipo di sport. Poi, magari, se uno ha bene in mente un po' com'è il campo di calcio, ci sono anche delle righe bianche che delimitano l'area di rigore, quindi se un giocatore viene atterrato in... in area di rigore, c'è il calcio di rigore, cioè che viene battuto da un attaccante o difensore o centro campista, cioè <u>colui</u> che riesce a segnare i pen..., che è bravo a tirare i <u>penalty</u> e quindi, è lui contro il portiere. E ogni volta che si fa la rete, <u>il goal</u>, eh, significa che si prende un punto, quindi se un... se un giocatore <u>segna</u>, è uno a zero; se fa un altro goal, è due a zero. Eh, un giocatore può fare pure tre, quattro goal, cinque goal, vengono sempre assegnati a lui ma comunque alla squadra. La responsabilità è appunto, ognuno ha il suo ruolo, cioè di, cioè appunto in difesa c'è il <u>terzino</u> destro, il terzino di... sinistro, lo stop, il libero; al centrocampo; c'è ala destra il centrocampista eh... poi c'è l'attaccante, ci stanno <u>le punte</u>. Poi, si gioca sempre in undici, ma ogni allenatore ha il suo modulo, quindi, magari può giocare magari con tre punte, una punta, tre punte, dipende. Naturalmente, se mette tre punte, ha meno centrocampisti o meno difensori. Dipende da... dal... dal gioco del proprio allenatore, ognuno c'ha la sua... c'ha il suo modo di fa'. Ma diciamo che... è sempre quello che segna o quello comunque che fa segnare che si mette in mostra. Però, in una squadra di calcio, per vincere, tutti... tutti e... tutti e undici più quelli della panchina e l'allenatore sono i più importanti perché quando c'è un gioco di gruppo e si vince... eh... dipende da tutti i giocatori che ci sono in campo. Poi c'è quello che può fare la differenza perché ha più <u>doti</u> naturali. In Italia ce l'abbiamo avuti i giocatori forti. Anche in Europa, eh, che sono venuti a giocare in Italia. Perché in Italia, poi, il calcio è molto importante, perché <u>è seguito</u>, ma anche perché c'è un grosso giro di miliardi, quindi molti stranieri vengono qui a giocare al nostro campionato dove guadagnano molto—stranieri forti, eh—Abbiamo anche qui dei giocatori molto forti e quindi c'è un buon campionato che è invidiato molto in Europa, però è anche molto seguito, quindi piace anche, insomma.

Note

in poche parole	in a word
la panchina	The bench used for sports events.
arbitro (m.)	referee
com'è	such as it is
off-side, penalty, goal	borrowed English soccer terms
non l'ha visto	The expression *nel caso che* usually requires the subjunctive in the clause that follows (*non l'abbia visto*), but this grammatical rule appears to be in flux.
niente	In this context, does not mean literally "nothing"; indicates, rather, that the speaker is hesitating momentarily.
agonismo (m.)	competition
il difensore	the defender
l'attaccante	the attacker
il centrocampista	the center
il portiere	the goalie
grossi	Used here figuratively to mean "talented," "well known."
colui	he who
segna	from the verb *segnare*, to score a goal
il terzino	the fullback
le punte	forward (soccer position)
doti (sing. dote, f.)	attributes, natural gifts
è seguito	literally, "it is followed," meaning that something is popular, has a following

Domande

1. Quante persone giocano in una partita di calcio? _____

_____

2. Quali sono i componenti della panchina? _____

_____

3. Cosa fa il guardalinee? _____

_____

4. Quanto dura la partita?_____

_____

5. Come si chiamano i vari giocatori?_____

_____

6. Il modulo di un allenatore come può essere differente dal modulo di un altro allenatore? _____

_____

7. Perché molti giocatori stranieri vengono in Italia?_____

_____

8. Quale sport preferisci e perché?_____

_____

9. Guardi le partite alla televisione? Cosa guardi e quando?_____

_____

10. Segui il campionato di uno sport in particolare? Quale sport?_____

_____

11. Quando fai dello sport? Che sport fai? _____

_____

12. Spiega le regole di uno sport di squadra: quante persone giocano, quali sono le regole, ecc. _____

_____

Capitolo 18 Il tempo libero

Segment 1 • Present reflexive, present indicative,
near past (*passato prossimo*), present progressive,
direct and indirect object pronouns   Time Code: 1:06:24

> *This Rwandan woman, who works as a secretary, is describing her weekly routine. Her two children live in a boarding school during the week and spend time with her at home on the weekend. We see the street in Florence that leads to the Ponte Vecchio on a Sunday afternoon.*

DONNA: [Nei giorni di] lavoro, mi alzo la mattina alle sette e alle nove devo stare all'ambasciata. Rientro alle quattro. Sto a casa o faccio, come tutte le mamme fanno, i lavori di casa, cucino, oppure... oppure vado, delle volte vado... adesso... <u>mi sono impegnata</u> ad andare a un coro di canto gregoriano, che mi piace tantissimo—eh, ogni martedì e ogni venerdì sera, faccio due ore lì, a una chiesa bellissima. Sto imparando.

INTERVISTATRICE: Che bello!

DONNA: Però è bellissimo il canto, è molto spirituale. Ti rilassa dopo una giornata di lavoro, veramente.

Il weekend, prendo i bambini alle due di pomeriggio del sabato e sono impegnatissima con loro, devo <u>giocarci</u>, ricuperare tutta la settimana che non ho potuto stare con loro. E la domenica li riporto però spesso la domenica pomeriggio li porto a un giardinetto, alle giostre <u>per fare</u> un po' stare tranquilli, un po' per fare giocare nella zona dove abitavo prima, dove abita pure <u>mia amica</u> e così, dopo li riaccompagno al collegio.

Note

mi sono impegnata	I took on the commitment, I became involved with (from the verb *impegnarsi*).
giocarci	The *ci* here has the meaning of "with," i.e., to play with the children.
per fare, mia amica	The speaker here is a nonnative user of Italian, as is obvious from some of her usage. Standard Italian would probably dictate *per farli* and *la mia amica*.

Domande

1. Quando lavora, a che ora si alza questa signora? _____

_____

2. A che ora deve arrivare al lavoro? _____

_____

3. A che ora rientra dal lavoro e cosa fa quando rientra? _____

_____

4. Cosa fa la sera di martedì e venerdì? _____

_____

5. Cosa fa durante il weekend? _____

_____

6. Dove va la domenica con i bambini? _____

_____

7. Descrivi in dettaglio cosa fai quando hai tempo libero. _____

_____

8. Come passi il weekend? _____

_____

Segment 2 • Present progressive, near past
(*passato prossimo*), past conditional, imperfect Time Code: 1:07:35

Here the mechanic describes his avocation, painting, and discusses two of his artworks.

Io, nel dipingere, ho cominciato che ero giovanissimo... però poi conoscendo questi amici pittori Ettore De Conciliis, Rocco Falciano, Carlo Levi, Ernesto Treccani... ho conosciuto anche Guttuso... e allora come se <u>me</u> avessero un po'... influenzato, ho preso ancora più coraggio, <u>me</u> piace, a me dipingere <u>me</u> piace tanto, però le possibilità e il tempo non ce l'ho. E anche le possibilità economiche, perché oggi a <u>dipinge</u> è diventato un lusso. A me mi piacerebbe. Il mestiere mio... quando io v'ho letto quel messaggio, «<u>Non tu</u>... eh, prima che il destino… eh», dipende anche da quello. Io l'ho fatto con... con onestà, con passione questo mestiere, però <u>me ne sarebbe piaciuti</u> altri.

Sí, qui c'è un paesaggio <u>invece</u> è un ricordo della <u>fanciullezza</u>, perché io da giovane-giovane ho vissuto nella periferia <u>de</u> Roma, che era campagna. E quindi, poi su quel... su quella campagna non ho avuto più occasione di andarci e, col ricordo, ho ricostruito quel quadro che io ho nostalgia <u>de</u> quei paesaggi lì, de quelle cose che io... è... è un ricordo, è un sogno quello, <u>tant'è vero</u> è intitolato *Il sogno dell'emigrato*, cioè chi emigra, <u>i con...</u>, la gente del Sud che andava in Germania a <u>lavora'</u> altra parte, magari con.... col sogno, <u>desideraveno</u> un qualcosa de come quello lì, un pezzo <u>de</u> terra... Vede che c'è il cavallo che cammina senza la guida dell'uomo, perché è un sogno. Il cavallo cammina da solo sulla strada, non c'è l'uomo che lo guida, perché è il sogno di quello che... che sta sognando quel pezzo lì, e quindi sarei io che <u>me</u> sogno ancora quel pezzo lì, quella cosa.

Note

Renato Guttuso (1912–87), Ernesto Treccani, Ettore De Conciliis, and Rocco Falciano are twentieth-century Italian painters. Carlo Levi (1902–75) was a writer.

dipinge, lavora'	In Roman Italian it is common for the last syllable of an infinitive to be deleted; the verbs here are *dipingere* and *lavorare*.
Non tu...	Earlier in the interview, this person had read a text expressing his personal philosophy and here refers back to that text.
me ne sarebbe piaciuti	"I would have liked others"; note that the reference is plural, to other jobs, but the verb is singular; in standard Italian, this would be expressed *me ne sarebbero piaciuti*.
invece	instead, on the other hand; this person had described his self-portrait and now turns to this painting. The word *invece* marks this transition.
fanciullezza (f.)	from the word *fanciullo*, meaning "child"; this word means "childhood."
de, me	See Chapter 2.
tant' è vero	so much so, in fact
i con...	The speaker started to say *i contadini*, "the peasants," then changed it to "the people of the South."
desideraveno	A common Roman pronunciation of the third person plural imperfect of *-are* verbs.

Domande

1. Da chi è stata influenzata la pittura di questo signore? _____

_____

2. Perché il signore non dipinge quanto vorrebbe? _____

_____

3. Che cosa rappresenta il quadro con il paesaggio?_____

_____

4. Com'è intitolato questo quadro e perché? _____

_____

5. Descrivi le attività artistiche che coltivi—musica, pittura, teatro, ecc.

_____

6. Ti piacciono i musei? Che tipo di museo preferisci e perché? _____

_____

Segment 3 • Present indicative, near past
(*passato prossimo*), passive

This policeman, whom we met in Chapter 2, is describing what he does with his free time. You see scenes of a park and a restaurant here.

Poi, oltre al... al... al lavoro... lavoro da poliziotto, svolgo anche sport, attività sportiva. Allora, ho fatto per tanti anni attività sportiva come nuoto e pallanuoto, ehm... poi, dato che in Italia c'è uno sport che, diciamo, uno sport popolare che è il... come... da... <u>da voi</u> viene chiamato <u>il soccer,</u> il soccer, cioè il calcio, il gioco del calcio, da noi è molto seguito e praticato quindi anche chi non frequenta il... il gioco del pallone <u>comun...</u> assiduamente, comunque nei momenti di svago, di <u>hobby</u>, <u>va lì</u> e si fa una partita da pallone, insomma, di calcio. Però, lo sport che ho frequentato, dove ho gareggiato... ho fatto gare eccetera, sono stati il nuoto, la pallanuoto. Ho fatto anche canoa, d'estate, e mi piace fare ogni tanto un po' di corsa, da voi si chiama jogging, <u>footing</u>.

Questo, diciamo, è al di fuori del servizio, di fuori del servizio. <u>Se no</u>... la mia giornata... quando mi voglio riposare un po', mi piace stare anche a casa, seguire la televisione, leggere i quotidiani—m'informo molto—e stare con la mia ragazza, <u>uscire</u> quando è poss... quando è possibile, insomma, ci vediamo.

Note

da voi	As used here, means "in the United States"; the speaker is talking to two interviewers who live in the United States.
il soccer	Note the speaker's second pronunciation of this English word; the *cc* is pronounced as *ch*, as it would be in Italian.
comun...	The speaker starts to say *comunque* (anyhow) and then says another word.
hobby	an English borrowing

va lì   *Lì* here does not refer to a specific place; it could be translated as
           "he goes and plays a game of soccer."
footing   an English borrowing meaning "jogging"
se no   if not
uscire   to go out, as on a date

Domande

1. Quali attività sportive practica questo giovane? _____

_____

2. In quali sport ha gareggiato? _____

_____

3. Cosa fa quando si vuole riposare? _____

_____

4. Quale tipo di attività sportiva pratichi? _____

_____

5. Cosa fai quando ti vuoi riposare? _____

_____

Capitolo 19 La città

Segment 1 • Present indicative, near past (*passato prossimo*),
present reflexive, present subjunctive   Time Code: 1:11:11

Here you see the physics professor again, describing Florence, his hometown.

Dunque, io sono fiorentino da ventinove anni, perché io vengo da Genova e
poi ho girato un pochino il mondo e, <u>oramai</u>, credo di potermi dire fiorentino.
Beh, è una città che, è inutile sprecare l'aggettivo, affascinante, affascinante
nelle sue incredibili contradizioni. Ha questo centro storico che è una cosa
unica, quello che abbiamo sotto gli occhi qui da Piazzale Michelangelo, con
i suoi monumenti, con i suoi vecchi palazzi, con il fiume, i suoi ponti. Ci <u>son</u>
le colline attorno e quello è la cornice di questa città straordinaria, anche
quelle per fortuna fino adesso difese dal... dalle amministrazioni, non sono
invase dal cemento, ville, castelli, chiese, insomma, una cornice eccezionale a
una città eccezionale. Va aggiunto che purtroppo questa città è cresciuta oltre
le sue mura medioevali e rinascimentali e il resto della città che, per fortuna,
oggi che è cattivo tempo, si vede poco, è veramente brutto. Ci si domanda
come mai i fiorentini hanno fatto crescere la loro città così male. È possibile
che adesso stia per cominciare una nuova era, vor... voglio essere ottimista, ci

sono progetti per riordinare, eventualmente ricostruire almeno una... alcune parti della periferia fiorentina in modo da togliere quell'aspetto, la parola inglese è «shabby», che c'è in molta parte della... della periferia di Firenze.

Note

oramai   at this point

son   The final vowel of words such as *sono* is commonly deleted in central and northern speech.

Domande

1. Perché il signore si considera fiorentino? _____

_____

2. Perché Firenze è una città affascinante? _____

_____

3. Come descrive le colline che circondano la città? _____

_____

4. Come descrive la periferia della città? _____

_____

5. Perché è ottimista? _____

_____

6. Di dove sei—qual'è la tua città nativa?_____

_____

7. Quale città consideri affascinante e perché?_____

_____

8. Quale città consideri brutta e perché? _____

_____

Segment 2 • Present indicative, present reflexive, direct object pronouns

Time Code: 1:13:06

This is the architect that you met in Chapter 8, describing the city of Rome, specifically the area in which the interview is taking place. You see Roman cabs and cats here, along with shots of the Trevi Fountain, the Forum, and buildings in the area.

In genere, in una città, succede qualcosa di questo tipo... come quello che succede a Roma: la zona est della città, cioè se noi immaginiamo di... Roma è una patata, così, il Tevere va da nord a sud e quindi la divide, no, in qualche modo a metà. Il settore est della città, da nord a sud, diciamo che si è configurato nella sua storia come un settore povero, se possiamo dire, che poi diventa <u>piccolo borghese</u>, operaio... insomma, un settore comunque povero con una... però è anche più antico, tutto sommato. Adesso parliamo <u>a prescindere dal</u> centro storico, dove la situazione è molto... molto mista, no, in certo senso. E quindi il settore della ci... i quartieri del settore orientale sono i quartieri più popolari, chiamiamoli così, e più antichi della città. I quartieri invece occidentali sono i nuovi quartieri e sono i quartieri più ricchi della città. In questo caso, noi ci troviamo in un settore orientale, molto vicino al centro storico, <u>anzi</u> direi siamo appena fuori delle mura, <u>se non mi sbaglio</u>, perché le mura corrono più o meno, corrono accanto alla grande basilica di San Giovanni in Laterano, questo è un settore che, intanto, ha una storia, una nascita che risale al dopo l'unità d'Italia, 1870, e si è costituito come quartiere dei <u>ferrovieri</u>, cioè, della... diciamo di... no, o meglio, della, tutta la... la... quella popolazione che aveva a che fare da un punto di vista lavorativo con le ferrovie.

Note

piccolo borghese (m.)	lower middle class
a prescindere da(l)	not including
anzi	in fact, actually
se non mi sbaglio	if I'm not mistaken
ferrovieri (sing. ferroviero, m.)	railway workers

Domande

1. Come si divide la città di Roma, secondo questa signora? _____

_____

2. I quartieri orientali come differiscono dai quartieri occidentali? _____

_____

3. Com'è nato il quartiere che descrive? _____

_____

4. Descrivi il quartiere dellà citta in cui vivi. _____

_____

5. Racconta in breve la storia della città in cui vivi. _____

_____

Capitolo 20 L'uso della lingua

Segment 1 • Near past (*passato prossimo*),
present indicative

Time Code: 1:15:20

*This is the man you met in Chapter 5, discussing words that have been borrowed
into Italian from other languages. You see shots of billboards on Roman streets.*

L'italiano come lingua ha avuto, storicamente, <u>prestiti</u> da tantissime lingue. È
un problema storico, cioè l'Italia è stata dominata da parecchie altre nazioni,
dalla Spagna, dalla Francia, dall'Austria, quindi l'influenza di queste <u>parla…</u>,
di queste lingue, è molto forte sull'italiano. Devo dire che ultimamente i
prestiti dall'inglese sono diventati tantissimi, specialmente in alcuni linguaggi
<u>settoriali</u>, <u>non so</u>, mi viene in mente il linguaggio del computer, mi viene in
mente il linguaggio, non so, sportivo, ad esempio, in cui l'inglese veramente
<u>la fa da padrona</u>. Questo <u>non toglie niente</u>… non so, posso fare qualche esem-
pio. Nello sport, noi usiamo indipendentemente corner oppure calcio d'an-
golo; usiamo goal, usiamo outside o fuori gioco. Col… nel computer, nel linguaggio diciamo informatico, usiamo appunto computer oppure usiamo
calcolatore elettronico oppure… insomma, <u>mouse</u>, ad esempio, che è appunto
mouse, cioè, alcuni non sono traducibili, altri invece abbiamo un sinonimo
in italiano che però non usiamo oppure usiamo a secondo dei contesti.

Note

prestiti	loan words, linguistic borrowings
parla...	The speaker started to use the word *parlate*, "ways of speaking," and then decided to say *lingue*.
settoriali	Language used in specific professional fields, such as medicine, law, and computer science.
non so	Used in conversation in the same way English speakers say "let's see" prior to elaborating a point.
la fa da padrona	From *fare da padrone/a*, literally, to act like the boss; the meaning here is that English is a major source of borrowings into contemporary Italian.
non toglie niente	"doesn't take away from the fact that"
mouse	Borrowed English word for the computer accessory.

Domande

1. Perché l'italiano ha avuto tanti prestiti, secondo questo signore? _____

_____

2. In che tipo di linguaggio si vedono i prestiti dall'inglese? _____

_____

3. Fai una lista di prestiti in inglese dall'italiano. Da quali campi vengono i prestiti—dalla cucina? la musica? l'arte? _____

_____

Segment 2 • Present indicative, present reflexive, impersonal *si*, present conditional   Time Code: 1:16:35

In this segment, the woman from Rwanda explains which languages she knows and uses. You see a flower vendor in a market, as well as people having a conversation and a Walk/Don't Walk sign.

Io sono di origine del Rwanda, sono di origine ruandese, però mi sono sposata con un zairese e sono dunque di cittadinanza zairese per il momento. Veramente, <u>tutti</u> sono quasi trilingui, perché devono parlare italiano perché stanno qua e parlano normalmente o il francese o l'inglese, in più la lingua del loro paese, la lingua madre, il dialetto, <u>come si dice</u>. Io parlo swahili, kinya-rwanda, lingala, francese, italiano, un po' d'inglese.

Io penso che uso di più l'italiano perché a casa si parla italiano per la signora dove abito, anche a casa mia con i bambini... Loro sono nati qua, vanno più facilmente sull'italiano. Il francese li... li... li stanca, fanno fatica, allora non vogliono parlare... Lo capiscono, però mi preoccupo che non vogliono parlare proprio il francese. Io dovrò mandare ogni tanto in vacanza in Francia o da qualche altra parte, perché in Africa non si parla italiano. Però, all'ufficio parliamo lingala, che sarebbe la lingua dello Zaire; di più, la lingua di... di Kinshasa proprio, io quella pure la conosco... lo swahili ogni tanto, quando qualcuno mi viene a far visita o una suora, una religiosa che parla swahili, l'inglese pochissimo, per telefono per delle richieste d'informazione, però faccio fatica a far uscire delle parole, una frase lunga. Prima devo riflettere in italiano, in francese, poi devo far uscire la parole in inglese, è una cosa, una... una fatica proprio.

Note

tutti   The interviewer had asked which languages were used by Africans living in Italy, so *tutti* here refers to everyone in that community.

come si dice as it is called, as we say

Domande

1. Perché è trilingue questa signora? _____

_____

2. Quale lingua usa di più? _____

_____

3. I bambini quale lingua usano di più? _____

_____

4. Tu quante lingue parli? E quale lingua usi di più? _____

_____

Segment 3 • Present indicative, present reflexive, impersonal *si*, imperfect, rhetorical questions
Time Code: 1:18:17

Here the policeman is describing the diversity of dialects in Italy. Billboards and the ads on the side of a public bus are visible.

Va beh, comunque, <u>do...</u> eh... in Italia, appena ti sposti di pochi chilometri, è già un dialetto. Quindi, ogni città, ogni paese, ogni località, ogni frazione c'ha... c'ha il suo dialetto, la sua lingua. La lingua è l'italiano, quindi <u>ogni qualvolta</u>, se... se uno va a scuola e c'è una professoressa d'italiano che t'insegna l'italiano... eh... e t'insegna quindi a parlare bene la lingua italiana, non il dialetto. Io mi ricordo quando andavo a scuola, comunque fino a poco tempo fa, se disgraziatamente magari uno parlava in dialetto... perché tra di noi, magari si parla in dialetto, ma nel ripetere una lezione o nello scrivere l'italiano si usava una parola in dialetto... erano guai, nel senso era <u>un brutto voto in pagella</u> o anche, magari, sul compito in classe <u>perché</u>, perché bisogna imparare bene l'italiano, cioè...

Note

do...	The speaker had started to say *dove* but changed his mind.
ogni qualvolta	whenever
un brutto voto in pagella	a bad grade or mark on one's report card
perché	An excellent example of the use of rhetorical questions in Italian—that is, a word that looks like a question but that the speaker will answer, as opposed to a question directed at the listener.

Domande

1. Quale lingua si parla a scuola in Italia? Si usa il dialetto a scuola? _____

_____

2. Uno studente come poteva ricevere un brutto voto in pagella? _____

_____

3. Quale lingua si usa a scuola nel tuo paese? Gli studenti parlano altre lingue?

_____

Segment 4 • Present indicative, direct and indirect object pronouns

In this segment, the nurse is describing interaction with patients, specifically the use of formal and informal pronouns.

Sí, sí, almeno che non trovi il paziente che magari non... magari è nuovo... Cioè, io tendo... e anche le altre come me... a <u>dare del Lei</u> quando la paziente è nuova, che arriva nel reparto e tu non la conosci. Poi magari gli cominci a <u>dare del tu</u>, anche alle persone anziane; c'è proprio un rapporto così, confidenziale, credo anche perché... gli dai del tu perché la vedi sotto forma che tu c'hai... cioè, noi ci viviamo col paziente, ventiquattr'ore su ventiquattro, c'è proprio un contatto... propio <u>a tu per tu</u> col paziente, cioè lo conosci, conosci tutto di quel paziente...

Note

dare del Lei, dare del tu	To use the formal (Lei) or informal (tu) pronouns to address someone.
a tu per tu	to be on close terms with someone

Domande

1. Cosa vuol dire «dare del Lei, dare del tu»?_____

_____

2. Quando si dà del Lei alla paziente?_____

_____

3. Perché si dà del tu alle pazienti?_____

_____

4. Come dimostriamo rispetto in inglese—quali parole usiamo per essere più o meno formali?_____

_____

5. Come si dimostra rispetto in altre lingue che conosci?_____

_____

The policeman here describes the use of appropriate language in dealing with the public.

Col cittadino, col cittadino, pubblico cittadino e civile, noi diamo sempre del Lei. Delle volte... sempre del Lei perché comunque è un dovere nostro, dare del Lei. Riguardante... invece, riguardante magari... delle volte <u>capita</u> che, magari, viene fermato, comunque viene contattato... appunto un... magari un ragazzetto, un... un giovane, diciamo, che magari... in quel caso là, magari uno parla più da fratello, diciamo, quindi si dà del tu. Ma le persone in genere, diciamo la verità, anche magari a ragazzi dell'età mia, sempre del Lei... un rispetto verso la persona in modo che comunque, se quella persona di fronte a te può essere un deliquente o comunque un pregiudicato, una persona che ha problemi con la legge, comunque non gli dai l'opportunità di prendere confidenza. Molto importante questo nel lavoro nostro perché magari se quello capisce che può fare come gli pare, allora...

Note

capita   Third person singular of the verb *capitare,* to occur, to happen.

Domande

1. Perché si dà del Lei al cittadino? _____

_____

2. A chi si può dare del tu e perché? _____

_____

3. Le persone che lavorano col pubblico—la polizia, i medici, le infermiere, le commesse, i camerieri—come parlano con il pubblico, nel tuo paese? _____

_____

Segment 6 • Present indicative, impersonal *si*, near past (*passato prossimo*), present progressive, reflexive infinitive, reciprocals, present subjunctive, passive

Time Code: 1:20:34

In this segment, the actors discuss the current situation regarding the use of formal and informal pronouns in Italian. The square brackets indicate places where the two speakers are talking at the same time.

LEI: Si usa motissimo il tu. Devo dire che il Lei è andato, è andato molto fuori moda. Eh, ci si tende a dare del tu subito. Dipende molto dagli ambienti. Gl'ambienti <u>alto borghesi</u>, <u>medio borghesi</u> tendono a mantenere il Lei; i giovani e gli ambienti più <u>popolari</u> tendono a dare il tu. Comunque, il tu sta diventando quasi come lo «you» inglese.

LUI: Comunque, grammaticalmente, il Lei è... è un... è un pronome che si usa fra due persone che non si conoscono. O... oppure che vogliono mantenere del... un atteggiamento molto formale, di... di distacco. Il tu invece si usa fra persone che si conoscono [oppure che vogliono

LEI: [o che fanno lo stesso lavoro

LUI: conoscersi in termini più semplici, più... ecco.

LEI: O fra colleghi, insomma, fra colleghi di lavoro ci si dà immediatamente del tu, anche se non ci si conosce.

LUI: Comunque, se c'è una differenza, c'è una differenza di... di... generazionale. Il Lei è... è... è più usato probabilmente fra le persone più anziane, oppure quelle che spiritualmente sono già anziane malgrado siano giovani. E invece il tu viene usato da chi è giovane o da chi vuol sentirsi giovane.

LEI: La cosa più <u>tremenda</u> è quando tu dai del tu a una persona e ti senti rispondere col Lei e allora dici: «Ecco, sono invecchiato.»

Note

alto borghesi, medio borghesi	upper middle class, middle class
popolari (sing. popolare, m.)	working class
tremenda	amazing, remarkable

Domande

1. Secondo questi signori, chi usa il tu e chi usa il Lei e perché? _____

_____

2. Come sta diventando il tu, secondo la signora? _____

_____